Les Éditions du Boréal
4447, rue Saint-Denis
Montréal (Québec) H2J 2L2
www.editionsboreal.qc.ca

CONFESSIONS
D'UN CASSÉ

Pierre Lefebvre

CONFESSIONS
D'UN CASSÉ

Boréal

ISBN GPUB 978-2-7646-4404-1

Cinq des sept « confessions » formant cet ouvrage sont parues dans la revue Liberté. Elles ont été tantôt réécrites, tantôt peaufinées, pour la présente édition.

© Les Éditions du Boréal 2015
Dépôt légal : 3ᵉ trimestre 2015
Bibliothèque et Archives nationales du Québec

Diffusion au Canada : Dimedia
Diffusion et distribution en Europe : Volumen

Catalogage avant publication de Bibliothèque et Archives nationales du Québec et de Bibliothèque et Archives Canada

Lefebvre, Pierre, 1963-

[Essais. Extraits]

Confessions d'un cassé

ISBN 978-2-7646-2404-3

1. Argent (Monnaie) – Humour. 2. Finances personnelles – Humour. 3. Lefebvre, Pierre, 1963- – Anecdotes. I. Titre.

PN6231.M66L43   2015   C848'.602   C2015-941464-4

ISBN PAPIER 978-2-7646-2404-3
ISBN PDF 978-2-7646-3404-2
ISBN ePUB 978-2-7646-4404-1

I don't mind failing in this world

MALVINA REYNOLDS

LE HASCHICH ET LA BIÈRE

Première confession

1

Autant l'avouer tout de go, je n'ai jamais rien compris à la valeur de l'argent. J'ai même envie de dire que c'est une vocation précoce. Quand j'étais petit, mes parents me le reprochaient déjà, avec quand même un petit peu de bienveillance. On concevait, j'imagine, qu'à mon âge une lacune de ce genre-là allait de soi. Aujourd'hui, c'est drôle, on le conçoit un peu moins. C'est en tout cas ce que j'en déduis en écoutant d'une oreille distraite les commentaires de mon entourage au sujet de ma situation financière peu reluisante.

Je n'oserais pas dire que je n'y peux rien, mais un dollar pour moi reste toujours un objet ambigu. Un jour, c'est un trésor, une véritable fortune, surtout quand je le trouve dans le repli d'un futon. Le lendemain, c'est une denrée tellement commune qu'il m'est difficile de vouloir y porter attention. Ce que peuvent valoir, ou représenter plutôt, une cuisse de poulet, un paquet de cigarettes, un brocoli ou encore trois oranges est ainsi pour moi extrêmement flottant. Ils sont le terme d'une quête plus ou moins laborieuse pour ramasser des sous quand je n'en ai pas, et quand j'en ai, un bête désagrément. Les commissions ne m'ont jamais trop excité. Bref, c'est comme s'il n'existait pas de barème me permettant de garder le cap. Dans le monde où nous vivons, c'est par moments très ennuyeux.

Le seul moment où j'ai pu accéder à un étalon-or me permettant de m'y retrouver a été l'adolescence. J'étais, dans ce temps-là, un fumeur de haschich, je veux dire un grand, et le gramme de la divine substance se négociait généralement à quinze dollars. Du coup, tout ce qui valait moins que ça pouvait s'acheter les yeux fermés. Ce qui équivalait à la somme maudite demandait par contre réflexion. Il fallait déterminer si l'objet convoité pouvait me procurer autant de jouissance qu'un gramme de hasch. Ce n'était pas toujours évident. On peut imaginer combien il fallait cogiter quand la patente en excédait de beaucoup la valeur. Malheureusement, on sait à quel point la vie est odieuse, mon goût pour le haschich s'est évanoui de lui-même au début de la vingtaine et, avec lui, mon étalon. Un cheval, un cheval, mon royaume pour un cheval.

Ce deuil-là, je ne m'en suis jamais remis. Tout ce que j'ai trouvé pour prendre la place de ma mesure fétiche, c'est le temps. Devant une lampe, un fauteuil, une télévision, un loyer ou encore une chemise, je ne me demande pas combien d'argent il me faudra débourser pour l'obtenir, mais combien de temps il me faudra perdre à me faire chier pour amasser la somme demandée. Cette méthode-là est encore plus sévère que l'autre. Sous sa férule, le nombre d'objets capables de réussir le test s'avère étonnamment restreint. J'ai peur qu'il ne faille pas compter sur moi pour relancer l'économie par la consommation.

Les choses, bien entendu, à tout le moins j'ose l'espérer, seraient différentes si d'aventure mes revenus avoisinaient ceux de René Angélil, par exemple, ou encore de Bernard Madoff avant sa débandade ou même, plus humblement, ceux d'un vrai professeur d'université, je veux dire par là un gars avec sa permanence, sa retraite, puis Dieu sait quoi encore. Malheureusement, je me suis toujours retrouvé, au cours de ma vie dite « active », embrigadé dans des jobs avoisinant peu ou prou le salaire minimum. Je me souviens encore du moment où j'ai réalisé, Dieu sait pourquoi, je faisais quand même ce salaire-là depuis six, sept mois, que le prix cumulé d'un tube de pâte à dents, de trois barres de savon, d'un paquet de huit rouleaux de papier de toilette et de quatre lames de rasoir dépassait de deux, trois piasses ce que je gagnais en une heure comme libraire. C'est un métier qui donne rarement, je le sais bien, l'occasion de sauver des vies, mais quand même, ça m'a estomaqué. Ça m'apprendra à faire de grosses emplettes. Si je m'étais donné la peine d'acheter ces affaires-là séparément, ma vie aurait peut-être pris un autre tournant.

Le plus bizarre, c'est qu'il ne m'est pas passé par la tête de chercher une job plus payante. Pire, la solution lumineuse qui m'est venue à l'esprit a été de demander à mon gérant un poste à temps partiel qui me fut, heureusement, accordé. Tant qu'à être mal payé, en gros, le raisonnement tenait à ça, la moindre des choses était de passer le moins de temps possible sous le joug du salaire minimum. L'équation avait beau être délirante, elle m'a au moins permis, au fil du temps, de réaliser combien je trouve beaucoup plus insécurisant de me soumettre à un horaire et à des tâches fixes pour de l'argent que de ne pas savoir quand il me sera à peu près possible de payer mon loyer.

On s'inquiète de ce qu'on peut, moi le premier.

2

Dans ma trentaine, tanné de faire le libraire, je me suis retrouvé gardien de sécurité. Je faisais là vingt-quatre heures ramassées sur deux jours, le *deal* du siècle. J'y étais payé deux fois plus qu'en librairie. Or, et c'est amusant, je n'y avais à peu près rien à faire, hormis d'être là, disons « aux aguets », c'est-à-dire, finalement, d'attendre la relève. Je sais d'expérience qu'une librairie n'est pas une mine de charbon où l'on sue sang et eau, mais elle demande quand même un peu plus d'efforts et de connaissances générales qu'un édifice vide où l'on passe douze heures d'affilée à ne rien faire. Je sais aussi qu'il y a une pléthore de raisons historiques pouvant plus ou moins démontrer par A + B pourquoi un avocat ou un médecin « valent » plus qu'un plongeur dans une cafétéria de cégep, mais la vertigineuse disparité existant aujourd'hui entre les divers chèques de paye me reste quand même assez obscure pour que je ne la soupçonne pas, certains jours, de cacher quelque chose.

Pendant la Seconde Guerre mondiale, les nazis, qui par moments, effort de guerre oblige, semblaient aussi assoiffés de main-d'œuvre que de sang, divisaient en deux groupes, les « utiles » et les « inutiles », les prisonniers d'origine juive avant de les envoyer aux camps. Être ouvrier spécialisé pouvait, à ce moment-là, littéralement, vous valoir la vie sauve ou, à tout le moins, repousser de plusieurs mois votre mort. On va s'imaginer que je délire à moitié, peut-être même complètement, mais c'est en lisant la grosse *Presse* un samedi matin que j'ai fait le lien avec notre époque. Dans un article sur des conférences du genre « *Get to the top* pis vite à part de ça », le journaliste citait, entre autres perles du conférencier : « Moi, je suis allé au cégep, pis j'en ai jamais rencontré, des profs riches. » Quand j'ai lu cette phrase-là, le tri brutal, primaire, animal même des hommes par les nazis m'est revenu à l'esprit. Je suis convaincu qu'en 1942, dans une gare de Pologne, les profs de cégep auraient été placés avec les « inutiles ». Dans ce tas-là, on aurait aussi, j'en ai peur, retrouvé les libraires. Je n'ose bien sûr pas affirmer que nous vivons à peu de choses près sous un régime nazi. Cela dit, la hiérarchisation du monde faite à la lueur perverse de l'utilité des choses, tout comme des êtres, me semble être en pleine forme et représenter, dans nos pratiques politiques et économiques, un indépassable critère de justesse, si ce n'est même de justice.

Mon seul *jackpot* salarial, finalement, se résume à mon aventure radio-canadienne. Les gages d'un réalisateur pigiste ont beau ne pas être faramineux, on ne peut non plus les qualifier de misérables. Malheureusement, deux ans après mes premiers pas dans l'univers du documentaire radiophonique, plus ou moins dit « de réflexion », la chaîne « culturelle » ferma ses portes. La direction la jugeait en effet, depuis quelques années, « inutile », oserais-je dire, et s'était enfin décidée à agir en conséquence. Le seul moment où une rémunération relativement adéquate me fut accordée pour un travail stimulant s'est ainsi avéré aussi bref que plaisant. Un accident de parcours, somme toute.

3

On commence à le comprendre, « gagner ma vie », comme le veut la très prosaïque expression, a toujours été pour moi un casse-tête. Encore aujourd'hui, je reste absolument perplexe quant à la manière de monnayer pour la peine ce que je sais faire à peu près comme il faut. Tout ce que j'ai pu avoir comme emploi m'est chaque fois apparu comme une mauvaise blague, méchante en plus de ça, et les collègues qui me regardaient de travers parce qu'ils le prenaient, eux autres, au sérieux me laissaient pour leur part dubitatif. C'est peut-être mon vieux fond catholique, mais l'éthique protestante du travail, j'ai toujours trouvé ça épais. À salaire minimum, j'ai toujours travaillé au minimum, même et surtout quand il m'était possible d'en faire plus. L'esquive la plus simple pour ne pas devenir dément ou neurasthénique reste, me semble-t-il, de leur en donner précisément pour leur argent. Les employeurs, en général, n'aiment pas tellement. De mon côté, j'ai toujours eu, sur mes lieux de travail, une seule urgence en tête : terminer ma journée au moins un peu indemne. L'idée générale voulant que le travail soit un vecteur de développement social, tout comme d'épanouissement individuel, me semble en effet grotesque. Je me demande toujours qui peut sérieusement y accorder un peu de foi. Je me souviens encore avec effroi d'une vidéo diffusée sur Internet pendant la première campagne présidentielle de Nicolas Sarkozy dans laquelle on pouvait l'entendre rendre un hommage vibrant au travail comme instrument d'émancipation. Ça commençait par une affirmation, il la proclamait en voix *off* pendant qu'on le voyait serrer plein de mains dans des usines, des magasins, une boulangerie : « Le travail, c'est la liberté. » La formule, il faut dire, est digne d'une équipe de comm qui a fait sa job comme il faut. Le problème, c'est que d'autres y avaient pensé avant. Ils l'avaient d'ailleurs trouvée tellement belle qu'ils l'avaient fait forger en lettres de fer, rien de moins, puis hisser au-dessus de deux portails, soit ceux qu'on retrouvaient à l'entrée des camps d'Auschwitz et de Dachau. En allemand, ça sonne un peu différemment – *Arbeit macht frei* –, mais cela n'en demeure pas moins la traduction littérale. Pour un homme politique ayant déjà affirmé qu'il est temps de refonder le capitalisme, on peut dire qu'il sait aller chercher ses références historiques. On peut dire aussi qu'il résume à lui seul toute l'horreur de notre époque.

4

Comme je ne sais finalement pas faire grand-chose à part lire et écrire, ma seule porte de sortie financière, il m'arrive de le penser, serait de gagner le gros lot. Comme nous le susurrent à longueur de journée les sirènes de la société d'État, un jour, ça pourrait être mon tour. Mais, outre le fait que je m'interroge sérieusement sur les visées d'un État nous laissant miroiter comment il peut, et du jour au lendemain – la chance, le hasard et le destin aidant –, transformer de façon radicale la situation financière et sociale de tout un chacun (tout en étant incapable, si ce n'est peu désireux, de métamorphoser le corps social afin de réduire le nombre de laissés-pour-compte que dévore inévitablement, on dirait bien, toute société bon an mal an), mon fantasme de loterie me visite d'habitude tellement en coup de vent que je n'ai jamais le temps d'aller au dépanneur pour m'acheter un billet. En plus de ça, le logo de Loto-Québec, avec sa double corne d'abondance essayant de nous faire croire à une espèce d'équilibre à peu près cosmique, me ramène chaque fois à l'esprit *La Peau de chagrin* de Balzac. Rien pour me faire rêvasser à des lendemains qui chantent. La littérature, comme on le sait, ne se fréquente pas impunément.

Ce roman-là, il faut dire, est aussi envoûtant qu'un cauchemar précisément bricolé pour nous entrer l'envers des choses dans le fond de la gorge. Si un mauvais génie me plaçait d'un coup de baguette magique à la tête du ministère de l'Éducation, mon premier décret serait d'imposer aux étudiants de première année de l'École des hautes études commerciales un séminaire qui y serait consacré. En attendant ce jour un petit peu improbable, laissez-moi vous brosser rapidement un beau portrait de l'affaire. Ça commence avec un gars (c'est bête, j'oublie son nom) qui n'a plus le goût de rien et qui pour ça s'est décidé à se jeter dans la Seine – ça se passe à Paris –, mais je ne sais plus de quel pont. Il niaise quand même un peu, pour ainsi dire pas trop pressé de se rendre à sa destination finale, ce qui fait qu'on le retrouve, à un moment donné, planté devant la vitrine d'un magasin d'antiquités, bon, tant qu'à faire, il entre. Comme on s'en doute, l'intérieur de la boutique est un vrai de vrai capharnaüm, Balzac, en demi-dieu de la littérature, nous le décrit d'une façon admirable, quand arrive un vieux grigou, vraisemblablement le proprio. Bonsoir, Monsieur. Bonsoir, Monsieur. Est-ce que je peux vous aider ? Non, non, je regarde. Mais, la conversation aidant, le grigou lui propose quelque chose de magique. C'est simple, vous ne pouvez pas vous permettre de passer à côté. Je ne sais plus trop ce que le pauvre gars lui répond mais rendu là, il est devenu moins farouche. Montre, donc. Le grigou, tout content, lui refile une vieille peau. Qu'est-cé ça ? Une peau de chagrin. Qu'est-cé ça, une peau de chagrin ? Un talisman. Ah… Le vieux ne niaisait pas quand il disait que la peau était magique. Celui qui en devient le propriétaire peut lui demander ce qui lui passe par la tête parce que la peau de chagrin, qui n'est pas trop regardante, va se faire chaque fois le plaisir de le lui procurer. Le gars, comme on le disait tout à l'heure, n'a pas grand-chose à perdre. Il finit donc par se dire *why not, peanut,* la paye, sort avec, peut-être pas satisfait de son achat, mais certainement soulagé d'avoir pu, un court moment, oublier son désespoir.

Ce qu'il ne sait pas encore, par contre, mais il va le découvrir au fil des pages qui suivent, c'est que le talisman, pour être magique, n'en est pas moins vicieux. Le pacte qui les lie l'un à autre, en effet, n'est rien d'autre qu'une arnaque. Même si on ne sait pas trop à quoi carbure la fameuse peau, réaliser un vœu, on s'en rend compte assez vite, lui demande pas mal de jus. Au point où chaque souhait l'épuise et la voit s'amenuiser, mais pas rien qu'elle, ha! ha! la vie de l'exaucé aussi. Quand elle n'est plus qu'un petit bout pas tellement plus gros que la moitié d'un quart de timbre, le dernier vœu la fait complètement disparaître, et là, couic! c'est fini, c'est la mort. Une histoire bien charmante, il faut le dire.

5

Soyons honnête : mes incompréhensions économiques me viennent d'un lieu plus simple et plus complexe que d'une pauvre caboche pervertie par la prose. Je n'arrive tout simplement pas, c'est mon malheur, à désirer la plupart des objets de notre société de consommation. Ce n'est pas, comme on me le dit parfois, une affaire de goûts modestes ou par affinité politique avec la simplicité volontaire, ou encore par stoïcisme, sainteté ou croyance bouddhique. L'idée n'est surtout pas de dire ici, l'air hautain, que je ne mange pas de ce pain-là. C'est en réalité plus niaiseux que ça. Comme le chante Brassens, « la bandaison, papa, ça ne se commande pas ». Un Hummer, une piscine, un comptoir en marbre, une montre sertie de diamants, un set de salon, une maison, même avec un grand terrain, me font le même effet qu'une fille qui ne m'excite pas. Ça ne me donne pas envie de me mettre en frais. En plus une fois achetés, ces objets-là deviennent de vraies boîtes de Pandore : il faut les assurer, ce qui veut dire les payer encore, cette fois-là pas pour les acquérir, mais bien pour adoucir l'hypothétique deuil qu'il faudrait faire si, d'aventure, ils s'envolaient ou partaient en fumée. Il faut par-dessus le marché en prendre soin, oserais-je dire les entretenir, au sens où on le dit des courtisanes chez Balzac, donc tour à tour les polir, les nettoyer avec Dieu sait quel improbable produit, les entreposer dans un lieu pas trop sec, un lieu pas trop humide, éviter d'y déposer un verre d'eau, une tasse de café, de la cendre de cigarette, ça continue sans fin comme si nous étions leur larbin. Même l'argent, avec l'attention démesurée qu'il faut lui accorder, parce qu'il faut sans arrêt en gagner, s'en occuper, le bichonner pour qu'il rapporte, le protéger pour qu'on ne le vole pas, me fait l'effet, tant qu'à filer la métaphore, d'une blonde jalouse et maladivement possessive que rien n'arrive à rassurer sur le bien-fondé de notre amour. Bref, plus j'ai d'objets, et de moyens d'en acquérir, moins je me sens libre. Je dirais même : plus je me sens amarré, ensorcelé, lié, comme le héros de Balzac, à toute une série de talismans maudits voulant ma perte. Rien que d'y penser, j'ai envie de prendre une bière.

À ce sujet, d'ailleurs, une expression me fait chaque fois sourire et peut même, certains jours, me réconforter de l'inanité de l'expérience humaine défendue par la publicité, les syndicats, l'État et le Conseil du patronat réunis. Elle va comme suit : « *You don't buy beer, you rent it* », ce qu'on pourrait toujours traduire par : « La bière ne s'achète pas, elle se loue. » Le temps qu'elle passe entre la bouche et l'urètre est, en effet, tellement court que la sagesse populaire anglo-saxonne a souhaité nous rappeler qu'il était prétentieux d'affirmer qu'après l'avoir ingurgitée, on puisse la posséder. C'est là, à mon avis, une grande leçon, plus grande encore que celle du haschich, et je ne pourrai jamais assez remercier le ciel d'avoir mis à un moment donné l'alcool, et plus particulièrement la bière, que j'aime tant, sur mon chemin.

Je me sens ainsi surtout le locataire de ce que je possède, sans doute parce que les trois quarts des meubles et des objets qui se trouvent chez moi m'ont été laissés, donnés, abandonnés même, par leurs anciens propriétaires, qui s'en étaient lassés. Le reste, en général, a été acquis dans diverses ventes de garage, ce sont des objets qui ont ainsi vécu une vie avant d'échouer, d'une manière ou d'une autre, entre les murs où j'habite et qui continueront vraisemblablement leur périple bien après, sous leur forme actuelle ou sous celle de déchets, ou quelque part entre les deux. Bref, dans l'ensemble, j'ai le sentiment qu'ils me survivront. La plupart d'entre eux ne font donc pas grand-chose à part me rappeler ma propre finitude. Je vois assez mal ce qu'on peut leur trouver d'apaisant.

6

Au fond, mes sentiments à ce sujet sont peut-être seulement tributaires de mon manque de foi. Je suis, pour ainsi dire, un mécréant. Je ne crois pas, ne sais croire, ne peux croire, ne veux croire au bonheur, collectif ou encore individuel, que nous propose le libre marché. J'ai beau me forcer, ce bonheur-là me rappelle seulement celui que faisait miroiter le fascisme, version allemande, italienne, espagnole, portugaise, peu m'importe, ou encore le socialisme tel qu'on l'a vu se décliner sous Lénine, Staline, Mao ou Ceausescu. C'est pour moi la même dérive et si j'ai mal au ventre en repensant à la chute du mur de Berlin, c'est parce qu'elle n'évoque pas tant pour moi la fin d'un totalitarisme que l'émergence, version libérale, des mêmes mensonges, du même délire, du même aveuglement. Le capitalisme – et ça me rend fou –, débarrassé de son repoussoir, n'a rien trouvé d'autre à faire que de se radicaliser, soit d'élever l'économie telle qu'il se la représente au rang de transcendance, comme si la tendance à la percevoir comme un phénomène naturel, et non un fait de culture, n'était pas déjà suffisamment ravageuse.

L'économie s'est transmuée pour la plupart d'entre nous en destin, pour ne pas dire en fatalité, ce qui a pour amusante conséquence non seulement de faire en sorte que ses moindres soubresauts nous apparaissent inévitables, mais surtout de nous empêcher d'imaginer que le cadre économique dans lequel nous vivons pourrait être différent. La vie de tout un chacun se moule ainsi sur les exigences de cette vision qui ne semble affirmer à peu près rien d'autre que « nous sommes sur terre pour produire et consommer ». La vie se déroule alors au rythme d'un nouveau calendrier religieux : scolarité, embauche, chômage, embauche, promotion, permanence quand c'est possible et retraite. Déjà que la notion de vie « réussie » m'apparaît à peu de choses près risible, comme s'il y avait quelque chose à accomplir à part ne pas se faire trop chier en essayant de ne pas trop faire chier les autres, je vous laisse deviner à quel point la réduction de l'existence à la traversée d'une carrière m'apparaît d'une insignifiance plus que radicalement consommée. On arrive et on repart, pour la plupart d'entre nous, dans des conditions souvent déplorables ; est-ce vraiment la peine, par-dessus le marché, de faire tant de chichi ? Produire et consommer devraient, me semble-t-il, être le cadet de nos soucis. Je ne dis pas qu'il ne faut pas nous en préoccuper, mais ce sont là des activités secondaires, à placer au même niveau, si l'on se donne la peine de suivre la pente qui va du corps social au corps tout court, que la défécation, qui, bien que fondamentale, incontournable et nécessaire au maintien de la vie, nous apparaîtrait vite morbide si d'aventure on tombait sur un gars qui en faisait le principe fondateur et régulateur de sa vie. Bref, crise ou pas, nous sommes bel et bien toujours dans la marde. Et ça ne trouve rien d'autre à faire que d'ergoter sur la manière de sortir de la récession, et ça se fend en quatre pour trouver des façons de relancer la consommation, la confiance des investisseurs, des actionnaires, alouette, bref de relancer la machine comme si elle ne savait pas accoucher d'autre chose que de la misère, de l'aliénation, du saccage, des déchets et, finalement, de l'horreur.

Peut-être la seule question économique, c'est-à-dire politique, que nous devrions nous poser est-elle celle du désarroi ; j'entends ici le nôtre, celui de chacun d'entre nous, pour ne pas dire le chagrin qui, bon gré mal gré – on dirait une saison –, revient invariablement quelques jours, quelques heures, parfois plus, nous coller à la peau. Je conçois aisément le désir, tout aussi accablant, de s'en distraire – qui souhaite en effet vivre sans arrêt dans la pleine nudité d'être soi ? –, mais tenter de mettre en place une série d'entourloupes pour s'en détourner à jamais m'apparaît ridicule, grotesque même. On n'a qu'à voir la tête des gens dans le métro à huit heures du matin, ou l'inconcevable quantité d'anxiolytiques que les pays dits « développés » consomment pour voir que ça ne marche pas.

Une de mes anciennes blondes, qui se désolait de la tristesse de mon appartement – elle me reprochait de ne l'avoir jamais investi, je n'ai pas à mon arrivée, ni depuis, repeint les murs, ni changé le prélart vaguement déprimant du plancher, ni même enlevé les crochets au plafond où l'ancienne locataire avait installé toutes ses plantes et auxquels, pour ma part, je n'ai rien accroché –, m'a déjà dit à son propos : « On dirait que tu vis ici en attendant, mais en attendant quoi ? » Je n'ai pas osé lui répondre : la mort.

LA MOUCHE ET L'ARAIGNÉE

Deuxième confession

1

L'appartement dans lequel j'habite fait dur, donc. Comme je l'ai expliqué, c'est en partie de ma faute. Cela dit, même en me transformant en petite fée du logis, il me serait impossible de lui insuffler assez de beauté ou de coquetterie pour le transmuter en nid douillet à même de ravir ceux et celles s'adonnant à en passer le seuil. L'esprit du lieu se résume à ce que ça me coûte pour y vivre, c'est-à-dire pas grand-chose. C'est là d'ailleurs en bonne partie pourquoi l'endroit m'est tellement précieux. Son emplacement dans le quartier le plus prisé de Montréal pour ce prix-là ne nuit pas non plus.

Toujours est-il que mon loyer rachitique fait bien chier mon propriétaire. C'est d'autant plus pénible que celui d'avant n'avait pas l'air de s'en préoccuper. Évidemment, une époque aussi bénie ne pouvait pas durer. L'adage, dans sa dureté, a bien rai son de nous dire : toute bonne chose a une fin. Un matin de décembre, j'ai reçu une carte de vœux. Après le premier étonnement – je n'envoie jamais de cartes de Noël, je n'en reçois donc jamais non plus, preuve, s'il en est une, de l'existence de la justice –, un deuxième étonnement a surgi à l'apparition d'un chèque qu'on aurait sans doute pu qualifier de généreux, même s'il aurait été exagéré de le dire extravagant. Le petit mot dans la carte – des sapins, de la neige, un soleil en train de se coucher – disait tout : « Cher Monsieur, je vous quitte, je m'en vais, tout est fini pour moi, je prends ma retraite du beau métier de propriétaire. Veuillez accepter ce petit cadeau en guise d'adieu. Dès le mois prochain, il vous faudra adresser vos chèques mensuels au nom de Quelque Chose inc. Joyeuses fêtes et bonne chance. » C'était signé du nom d'un homme qui m'était à peu de choses près inconnu.

2

En passant d'un propriétaire à un autre, mon logement a surtout changé de nature : d'habitation, il est devenu ressource, soit
une patente n'ayant pour seule utilité que d'être pressée comme
un citron. La métamorphose, on s'en doute, n'était en rien acci-
dentelle. Quelque Chose inc., en petit malin, avait fait modifier
dans l'ombre le cadastre de la propriété avant de déposer son
offre d'achat en plein jour. Au lieu d'acquérir un immeuble de
seize logements, il a pu mettre comme ça la main sur huit
duplex collés les uns sur les autres, de la vraie magie, ou peut-
être même du vaudou. Sur le site de l'agent d'immeubles – parce
que cinq ou six mois après la belle carte de Noël, les huit duplex
étaient déjà à vendre –, l'annonce se plaisait à préciser : « idéal
pour transformation en condo ». Elle nous enjoignait même de
laisser courir notre imagination quand viendrait le moment des
rénovations. Une affaire rondement menée.

    Le seul détail un peu flottant de l'arnaque était les gens qui
vivaient là leur existence, je n'oserais pas dire de débris, ni de
misère, pas tout à fait non plus de marginaux, même si les trois
quarts d'entre eux autres avaient des rapports fort distants avec
ce qu'on appelle pompeusement la « vie active ». Ils se trouvaient
là à moitié malgré eux, à moitié aussi par attachement pour leurs
années passées là. L'inconvénient n'était, par contre, en rien
insurmontable. Dans la mesure où n'importe qui peut s'installer
dans sa propriété, c'est le charmant petit couple de profession-
nels s'achetant un nid d'amour qui allait se retrouver avec le

trouble de les déloger. Ça sentait bon le sens du doigté. Quelque Chose inc. n'avait pas à se salir les mains, ni pour les évincer, les locataires ni pour faire les travaux. En plus de ça, comme l'écart entre la somme payée pour acquérir la place et le prix de vente de chacun des duplex était vertigineux, le résultat des courses, une fois toute l'opération terminée, s'avérait un profit qu'on pourrait qualifier de grotesque tellement il était boursouflé.

« Ça prend-tu un bel ostie d'écœurant » résume avec assez de justesse ce que mes voisins et moi pensions de l'affaire. Dans un élan passionnel rappelant l'euphorie des soulèvements populaires, on a donc fini à un moment donné par se retrouver, après un bon nombre de rebondissements, dans un des locaux ternes où la Régie du logement tient ses audiences. Tout l'immeuble était là, chaperonné par un avocat payé à même une cagnotte commune – celui de l'aide juridique était tellement brouillon qu'il était incapable de prononcer le nom de notre rue comme il faut. Il y avait le bedeau, le *pusher,* la fille sur le B.S., l'autre fille sur le B.S., l'étudiante, la fille au chômage, le musicien de bar, en plus d'un nombre extraordinaire de retraités qui, mis à part la peur de perdre leur logement, ne comprenaient rien à toute l'affaire. Quelque Chose inc. était là lui aussi, visiblement en beau maudit. Je regardais pour la première fois cet après-midi-là sa tête trop ronde de futur vieux beau. En plus de ça, il était en jean et en t-shirt, du genre « j'en brasse, des grosses affaires, mais je suis resté un gars cool ». Quand je lui ai refilé une chaise parce qu'il n'en avait pas, ça l'a clairement achalé de me voir lui rendre service.

Assis à côté de lui, il y avait son avocat, un grand fouet aux cheveux comme au costume gris, même le rouge de sa cravate n'arrivait pas à créer une impression de couleur dans cette affaire-là. Il avait l'air d'un acteur fait pour jouer Don Quichotte. Son air hautain, par contre, lui donnait une vraie face à fesser dedans. Ce n'est pas l'idée que je me fais du chevalier à la

Triste Figure, mais bon. Selon sa plaidoirie, son client était une victime innocente dont nous, ses locataires, à l'aide d'un groupe communautaire de gauche, foulions sans trop de vergogne le droit sacré à la propriété. Monsieur Jean-Claude Gingras faisait en effet partie de la cohorte des héros gorgés de lumière dont l'immense mission civilisatrice avait pour but de transformer en beauté, et bien sûr en valeur, les endroits décrépis gâchant, comme on le sait tous, le paysage urbain. Le plus exquis, c'est que maître Boucher – c'est effrayant, mais c'était son nom – insinuait clairement, il aurait fallu être sourd pour ne pas l'entendre, que Quelque Chose inc. n'avait pas tant le bon droit pour lui que le bon goût, et la morale, puis même, en plus de ça, la dignité. Ce qu'on était en train de faire, nous autres, ses ingrats locataires, en le traînant comme un chien à la Régie du logement, n'était même pas de bonne guerre. C'était indécent. On était vraiment la lie de tout ce qu'il y a de plus abject sur terre pour empêcher ainsi son client de faire le bien.

Le hic dans son raisonnement était qu'à peu près une année avant, Quelque Chose inc. avait fait le même coup à l'immeuble en arrière de chez nous. L'aventure nous avait donné une idée assez juste du genre de bien perpétré par son admirable client. Une fois la citrouille moche changée en carrosse ordinaire, le pauvre monde incapable de ne pas s'abrutir par le jeu ou encore l'alcool avait été remplacé par de la classe moyenne supérieure incapable de ne pas s'entraîner au gymnase trois, quatre fois par semaine, de ne pas porter de lunettes fumées, de ne pas avoir de VUS, de ne pas aimer le Cirque du Soleil, de ne pas aussi exhiber ses muscles et son mode de vie racoleur à tout ce qui pouvait se trouver à portée de regard. En en voyant un sortir de chez lui en Speedo noir pour prendre son sac de golf dans le coffre de sa Corvette, le *pusher*, mon voisin d'à côté, m'avait lâché : « C'est clair que c'est un mafieux : il a de l'argent pis pas de classe. » Au moins, le gars d'avant, un joueur compulsif toujours sur les nerfs, avait la délicatesse de cacher sa bedaine molle en dessous d'un t-shirt fatigué. C'était vraiment à se demander ce qui était le plus affligeant. En fait de bien et de peau neuve, Quelque Chose inc. s'était contenté d'échanger une misère pour une autre ; le désarroi, la honte et la détresse avaient laissé la place à l'arrogance, à la suffisance et à la trivialité. On n'arrête pas le progrès.

Le tout s'est terminé par un jugement d'une vingtaine de pages dans lequel la Régie expliquait comment Quelque Chose inc., à force de zigonner dans les recoins les plus grisâtres de la loi, avait agi dans la légalité la plus stricte et formelle. Cela dit, il apparaît de façon claire que l'habile taponnage va à l'encontre du moratoire visant à préserver un certain seuil de logements locatifs dans le quartier le plus prisé de Montréal. En foi de quoi, si on ne peut pas vraiment l'empêcher de faire sa passe, on peut quand même lui mettre des bâtons dans les roues. Les futurs acquéreurs des duplex en question, on l'ordonne, se retrouveront donc contraints de respecter le droit au logement des tout-nus qui y vivent, et ce, pour une période minimale de cinq ans commençant le jour de l'achat.

Pour Quelque Chose inc., c'était comme si la Régie avait demandé à ses acheteurs de s'abstenir, et ce, pendant cinq longues années, de faire appel aux services sanitaires d'un exterminateur. Du coup, ses duplex infestés, plus personne n'en voulait. Les coquerelles, c'était réconfortant de le constater, ne payent pas toujours leurs impôts pour rien.

3

Le cœur de ce que j'essaye de raconter commence quatre ans plus tard. Après avoir rongé son frein tout ce temps-là, Jean-Claude Gingras s'est tanné d'attendre. Ses logements ne se vidaient pas tout seuls, finalement, et pas assez vite à son goût. Un après-midi du mois d'août le téléphone a sonné : Aïe, salut, c'est Jean-Claude Gingras, t'es-tu chez toi pour un petit bout ? Faudrait que je te parle. Dix minutes après, il était déjà dans le cadre de porte, encore en jean et en t-shirt, comme s'il n'avait rien d'autre à se mettre. Je me demande des fois si ce n'était pas juste pour montrer ses biceps, qui n'étaient pas si gros que ça, mais dans une bataille de ruelle, il m'aurait cassé la gueule comme il faut. Comment ça va ? Je n'ai pas osé lui répondre : Qu'est-ce ça peut bien te câlisser ? Je me suis donc contenté de lui dire : Entre.

Qu'est-ce qu'on fait, on s'installe dans la cuisine ? Comme c'est l'endroit le plus lamentable du logement, j'ai préféré lui proposer de faire « ça » dans la pièce d'en avant. Ça l'a un peu troublé, mais il ne s'est pas trop obstiné. Je lui ai montré le futon. Ah ? Bon, OK. Comme, de mon côté, j'ai pris la chaise, je le dépassais au moins d'une bonne tête. On aurait dit une scène de Jacques Tati. Jean-Claude Gingras n'arrêtait pas de se redresser pour diminuer l'écart entre nous deux. Il a attaqué d'un coup. Tu serais-tu contre l'idée de déménager ? *A priori*, c'est pas dans mes plans, mais pourquoi pas, je pourrais me laisser convaincre. J'aime ça, comment tu penses. Il était déjà debout. Je vais te laisser réfléchir à un chiffre qui fait ton affaire, t'sais, moi, je pense que ça existe, les *deals* gagnant-gagnant. Si, en plus de déménager dans plus grand, dans plus beau, tu peux te payer un petit voyage, c'est sûr que moi, je vais être super content. Il n'était pas en train de me dire, je le savais bien, vas-y, *man*, lâche-toi lousse, *sky's the limit*, mais j'ai décidé de faire comme si. Quand il m'a serré la main en repartant, il était tellement excité, j'ai eu peur qu'il m'embrasse.

4

On a beau dire « qui se ressemble s'assemble », j'ai pour une obscure raison des amis sachant compter. Comme ils ont aussi le sens des affaires, ils sont arrivés au calcul suivant : à moins d'avoir la chance de tomber encore une fois sur une aberration comme celle où je restais à ce moment-là, je verrais mon loyer passer du simple au double. D'après leurs calculs, une simple année ailleurs me coûterait cinq mille de plus, soit vingt-cinq mille piasses supplémentaires sur une période de cinq ans. Ce qu'il faut que tu lui dises, c'est que, sur une période de cinq ans, partir de chez vous, c'est ce que ça te coûte. Comme déménager devrait à peu près te coûter deux mille, si c'est pas trois, dis-lui que tu veux trois mille de plus parce qu'il est quand même hors de question que tu payes ces frais-là, puis dis-lui, finalement, que pour le simple trouble de déménager tu veux deux mille, ce qui est quand même raisonnable. Si on rajoute les vingt-cinq mille que ça va te coûter au bout du compte rien que pour les cinq prochaines années, ça fait trente mille piasses.

Trente mille piasses… Jean-Claude Gingras me regardait avec bienveillance. Ou je me méprends et c'était de la condescendance. On aurait dit mon oncle avec son neveu de sept, huit ans qui aurait voulu une grosse, grosse, grosse tranche de gâteau : Ben voyons donc, tu seras jamais capable de manger tout ça. J'avais beau déballer, en long et en large, le raisonnement de mes amis, puis agiter comme un grigri les chiffres trouvés dans les registres de la Ville pouvant me donner une idée de la montagne de fric généré par la vente de mon logement, c'est comme si j'avais pissé dans un violon. C'est parce que moi, ce que j'étais prêt à t'offrir, c'est deux mille. Pis avec ce montant-là, je suis censé pouvoir déménager dans plus beau, dans plus grand, puis me payer un voyage pour m'en remettre ? Trente mille piasses, oublie ça, je te donnerai jamais ça. De toute façon, même si je voulais, je les ai pas. Ce qu'il fallait que je comprenne, m'expliquait-il doctement, ou peut-être aussi comme si j'avais six ans d'âge mental, c'est ce qu'il y avait « derrière » les chiffres des registres de la Ville, qui, de toute façon, n'étaient même pas les bons. Rendu là, j'étais trop sur les nerfs pour avoir la finesse de lui demander si c'était à moi qu'il mentait, ou s'il avait menti à la Ville ou encore au notaire qui avait ratifié sa magouille. Le plus simple, ce serait peut-être de me les donner, les vrais chiffres. Je suis tellement naïf, je ne comprenais même pas pourquoi ma demande lui faisait cet effet-là : tout d'un coup, la face venait de lui revirer de bord, comme les danseuses qui, dit-on, possèdent l'extraordinaire faculté de passer, en l'espace d'un clin d'œil, du sourire enjôleur à la dureté du mépris. C'est parce que t'es pas mon *partner*, t'as pas d'affaire à savoir ça. Oui, bon, je sais bien, mais moi, sans les vrais chiffres, comment est-ce que je peux négocier ma part ? Ta part ? Ta part ! Aïe ! déjà que je peux pas faire ce que je veux avec ce qui m'appartient, si en plus il faut que je partage mes profits avec les locataires ! Je sais pas dans quel monde tu vis, mais là… Il était bleu. Bref, tout à coup, il était en retard à un rendez-vous. Vu la tournure de la discussion, ça faisait mon affaire.

5

Le Loup et l'Agneau de Jean de La Fontaine, c'est l'histoire d'une rencontre entre un agneau qui a soif et un loup qui a faim. Le vers le plus célèbre en est le tout premier : « La raison du plus fort est toujours la meilleure. » C'est aussi, malgré sa place inaugurale, l'ironique conclusion de la fable. La Fontaine l'a mis là, j'imagine, pour nous faire comprendre qu'il ne faut pas s'attendre à trop de suspense dans le déroulement de son histoire. Comme de fait, ça finit mal pour l'agneau.

On s'en doute, les danses nuptiales au bras des vendeurs à la commission autour d'un set de salon ou d'un char usagé me sont peu ou prou étrangères. Par inexpérience, au début de notre troisième rencontre, je ne savais pas quoi dire à Jean-Claude Gingras. Au bout d'un moment, je lui ai pourtant lâché ce qui me semblait imparable : si je n'étais pas contre l'idée de déménager, c'était quand même à lui de me convaincre de le faire. Je m'attendais à me faire lancer toutes sortes de montants par la tête, mais, toujours assis sur le bout des fesses au bord du futon, mon proprio s'est mis à me déballer un laïus complètement hallucinant. C'était composé d'un harmonieux mélange de darwinisme social et de poncifs nouvelâgeux, avec une absence complète de ce qui aurait pu l'empêcher d'adhérer à ces niaiseries-là. Le tout gratiné, comme une cerise sur le *sundae,* de gros bon sens voulant qu'avec des affaires comme l'aide juridique, on faisait des Québécois un peuple d'assistés sociaux sans fierté ni colonne. Ça l'inquiétait pour l'avenir de la nation, ou peut-être de ses enfants, rendu là, je l'avoue, mon attention était plutôt diffuse.

En gros, Jean-Claude Gingras essayait de me convaincre que m'en aller de ce qu'il n'osait pas nommément qualifier, en tout cas pas devant ma face, de taudis sordide était un avantage extra-ordinaire. Me retrouver dans un beau logement me coûtant deux à trois fois plus cher serait une occasion parfaite de me hisser dans l'échelle sociale. Si je partais, la vie, qui est comme on le sait fort généreuse, ne manquerait pas de me faire plein de cadeaux : condamné, mois après mois, à trouver la somme nécessaire à l'acquittement de mon loyer, je verrais une myriade d'occasions professionnelles, toutes plus alléchantes les unes que les autres, se bousculer au portillon. Je me trouverais, en effet, alors en position d'« invoquer » la richesse et la réussite. Si je m'aidais, ou plus précisément si j'aidais Quelque Chose inc., le Ciel, qui n'est pas un trou de cul, finirait par m'aider lui aussi. Jean-Claude Gingras a même ajouté qu'on ne savait jamais à quoi s'attendre quand on avait le courage de partir vers l'inconnu. À défaut de me présenter des occasions de faire de l'argent, la vie, qui a manifestement plus d'un tour dans son sac, pourrait tout aussi bien me donner la chance de tomber amoureux d'une fille exerçant une profession libérale, genre une orthopédiste, une notaire, une avocate, avec laquelle je pourrais, je n'exagère même pas, il m'a vraiment dit ça, emménager dans un condo, un beau, un grand, je n'en reviendrais juste pas de me retrouver là. Encore aujourd'hui, je n'arrive pas à départager ce qui dans son *speech* relevait de la présence d'esprit nécessaire à n'importe quelle arnaque de ce qui était de la bêtise crasse. Toute sa façon de ne pas être tout à fait assis dans mon futon, comme s'il avait peur de s'y engloutir, disait combien il trouvait ça inconcevable de vouloir se battre pour continuer à vivre dans un trou. C'est simple, ça le dépassait. Un peu à la façon des Américains débarquant à Kaboul ou à Bagdad, il était ébahi de ne pas être accueilli en héros ou bien en rédempteur. Quand il regardait le prélart, on voyait bien qu'il n'en aurait pas voulu pour la niche de son chien.

Anyway, tout à coup, il était prêt à m'offrir quatre mille piasses, ce qui, pour ma part, était insuffisant. Ah, *come on,* quatre mille piasses, tu te rends pas compte ! Ce qu'il ne pouvait pas savoir, ça me semblait délicat de le lui expliquer, c'est que je ne refusais pas la somme à cause de sa modicité, comme si elle était trop petite pour mon gros appétit, mais bien parce qu'elle m'apparaissait dérisoire pour Quelque Chose inc. Je n'en voulais pas tant que ça, des trente mille piasses ou des vingt mille ou des quinze mille ou même juste des dix mille, mais je tenais en maudit à ce que Gingras les crache. Demander au monde de partir de chez eux, même pour de l'argent, peut-être même surtout pour de l'argent, je voulais qu'il le comprenne, ça ne pouvait pas se passer comme on achète un chips au dépanneur ou comme on jette son *butch* de cigarette dans la rue. Ce qui m'intéressait dans ce *deal*-là, c'était de voir Jean-Claude Gingras frapper un écueil, même un tout petit. Je n'étais pas, je sais bien, en position de le faire couler, mais j'aurais voulu érafler la peinture de sa coque, suffisamment pour le mettre en maudit. Vu ce qu'il brassait à longueur d'année comme *business,* dépenser quatre mille piasses, ce n'était même pas pour lui, comme désagrément, l'équivalent d'avoir un gars pétant à ses côtés dans l'ascenseur. Mon rêve, c'était qu'après m'avoir remis mon chèque, il ait au moins l'impression de s'être cogné le genou sur le coin hyper pointu d'une grosse table à café. Il faut dire que je commençais à me sentir hargneux. En plus, il m'appelait constamment par mon prénom, dans le genre : j'ai le gros bout du bâton, mais je te parle d'égal à égal. Ça me rendait fou. Qu'est-ce que je pouvais répondre à ça ? Que chaque homme est notre semblable, comme nous le dit Marivaux? J'avais beau me forcer, à part le mépris qu'on avait l'un pour l'autre, je n'arrivais pas à nous trouver de points communs.

6

On réduit souvent *Le Loup et l'Agneau* à une illustration des lois ancestrales régissant les rapports entre les proies et les prédateurs, les tyrans et les peuples, les ouvriers et les patrons. Mais La Fontaine, c'est bien plus *wise*. Le loup, il ne se contente pas de l'engloutir, l'agneau. La véritable violence, la fable est assez claire là-dessus, ne se trouve pas dans son instinct de carnassier, mais dans le discours qu'il déploie pour justifier son geste. C'est immensément pervers. C'est comme si sa force brutale ne lui suffisait pas. Il a besoin, en plus, d'une raison pour pouvoir l'exercer. La première affaire qu'il dit en tombant sur l'agneau qui, lui, est juste en train de se désaltérer « dans le courant d'une onde pure », c'est : « Qui te rend si hardi de troubler mon breuvage ? » Ça serait risible si l'agneau n'était pas en danger. Le loup laisse quand même entendre, faut le faire, que c'est l'agneau qui l'offense, que l'odieux de la situation repose au fond sur ses épaules. Le loup, pauvre lui, il est blanc comme la neige, tout ce qu'il fait, en fin de compte, c'est riposter, sauver sa peau. C'est cette horreur-là, le vrai sujet de la fable. « Et je sais que de moi tu médis l'an passé », « Si ce n'est toi, c'est donc ton frère », « Car vous ne m'épargnez guère, / Vous, vos bergers et vos chiens. » Tout comme dans *Alien*, où le fameux monstre a une deuxième petite bouche lui sortant de la gueule pour harponner ses proies, la parole du loup est une pure extension de sa mâchoire. L'agneau, qu'il se fasse manger ou non, c'est un détail. Ce qui compte, c'est qu'il puisse se faire manger. C'est pour ça que le loup se permet de lui parler sur ce ton-là.

7

Quatre mille piasses, penses-y, là, je propose pas ça à n'importe qui. Il y a personne d'autre dans le bloc à qui je suis prêt à donner ce montant-là, pis la conversation qu'on a, là, c'est une conversation privée. Je peux pas me permettre de donner de l'argent de même à tout le monde. Tu le sais-tu comment c'est dur d'être propriétaire au Québec? La Régie, elle nous laisse rien faire! Je peux même pas fixer moi-même le prix de mes loyers, calvaire! Mes chums dans les baux commerciaux, ils rient de moi! Il n'allait pas jusqu'à évoquer les esties de locataires qui ne se laissent pas évincer comme du monde, mais devant une bière avec son *partner*, l'idée devait fuser après trois, quatre gorgées. J'en perds, de l'argent, t'sais, avec toute cette affaire-là. Pis pas rien que l'argent que je fais pas avec ce bloc-là. Il y a tous mes autres investissements qui sont retardés à cause de ça, en plus des occasions que j'ai dû laisser passer parce que j'avais pas de liquidités. Je perds l'argent que je perds ici, pis je perds en plus l'argent que j'étais censé faire pis que j'ai pas fait à cause de vos niaiseries. Le plus jouissif, c'est que s'il était venu nous voir au début pour nous offrir une somme décente, qui aurait, c'est sûr, grugé une partie de son profit, ses duplex se seraient vidés dans le temps de le dire. Il m'expliquait dans le fond, sans s'en rendre compte, qu'il préférait perdre de l'argent qu'en donner. Il pouvait bien s'inquiéter de l'avenir de la nation.

8

Quelque Chose inc. n'avait pas acheté notre immeuble pour en jouir mais pour le revendre. Jean-Claude Gingras ne pouvait pas nous sentir, mes voisins et moi, précisément parce qu'on le forçait à posséder son immeuble. Le beurre, lui, ça ne l'intéressait pas. Ce qui l'excitait, c'était l'argent du beurre. La valeur de l'argent, tout au contraire de moi, Jean-Claude Gingras comprenait ça. À le voir aller, des passes comme ça, il en avait fait en masse; on comprenait que ce n'était pas saint Paul qui, tout à coup, venait de voir la lumière pour la première fois sur la route de Damas. C'était sainte Thérèse de Lisieux, son affaire; la grâce, chez lui, s'avérait plus ou moins innée. Spéculer sur le dos du pauvre monde, il faisait ça comme les oiseaux s'en vont dans le Sud ou comme les fourmis sont attirées par le sucre ou comme les mouches se cognent aux fenêtres, à la limite, c'était comme on bande ou comme on a envie de chier : il n'y avait pas de volonté à l'œuvre là-dedans. Il ne *voulait* pas arnaquer le monde : il les arnaquait. À côté de lui, un mécréant comme moi ne faisait pas le poids.

9

Après m'avoir vu refuser son offre de sept mille piasses, Jean-Claude Gingras n'en revenait tellement pas – sept mille piasses, c'est le pactole! – qu'il m'a sacré patience pour à peu près huit mois. Le beau fixe, pour ainsi dire, même si Quelque Chose inc., pendant ce temps-là, ne chômait pas : à la manière des membres gangrenés, un petit peu plus du tiers de l'immeuble avait maintenant changé de visage. Comment Mme Dubé, une femme toute frêle de quatre-vingt-treize ans, a pu supporter les travaux à gauche, à droite, mais aussi au-dessus de chez elle sans devenir complètement folle reste pour moi un mystère. Dans le genre lentement mais sûrement, c'était difficile de faire mieux; en plus, M. Speedo avait vendu son duplex d'en arrière pour venir s'installer à côté de chez elle.

Ce qui pourrait toujours être considéré comme le coup final est arrivé deux semaines plus tard, quand Jean-Claude Gingras s'est pointé chez moi. Tu vas être content, je t'ai trouvé un logement. Tout le monde le sait : rien n'est plus délicieux, rassurant, qu'un homme s'ingérant dans votre vie pour son propre profit. À force de me faire dire de cent manières différentes que c'était l'affaire du siècle – dans le même quartier, juste à deux rues, pas cher à part de ça, le propriétaire, c'est un de mes chums, j'y ai graissé la patte pour qu'il te le garde, il a été annoncé nulle part, mais il faut se dépêcher –, j'en suis venu à me dire, à ma grande honte, j'avoue : pourquoi pas? Le lendemain, on visitait le logement. L'affaire du siècle, comme on s'en doute, n'avait rien de trop extraordinaire. Évidemment, Jean-Claude Gingras, de son côté, n'arrêtait pas de ne pas en revenir : plus beau, plus grand, plus fort, plus magnifique, il fallait être aveugle pour ne pas comprendre que c'était une occasion en or. En plus, l'immeuble avait une salle de lavage commune au sous-sol, lieu propice entre tous pour rencontrer des femmes.

Time is money, je le sais trop bien, mais les gens nagent en général ou dans l'un, ou dans l'autre. J'avais beau insister pour pouvoir y penser, Jean-Claude Gingras me pressait comme si sa vie en dépendait. C'est quand je lui ai parlé des sept mille piasses de la dernière fois qu'il s'est calmé. Je passe chez toi demain pour t'en reparler. Évidemment, le lendemain, Gingras me dit : c'est donc plate, mais mon *partner* veut pas. Qu'est-ce que tu veux, il le sait pas, lui, tout ce qu'on a traversé ensemble, depuis le début, toi puis moi. En plus, sept mille piasses, ça se défend mal, je trouve, astheure que c'est moi qui te l'ai trouvé, ton logement. Bref, lui penchait plutôt pour les deux mille des premiers jours, misère.

La lassitude étant encore plus mauvaise conseillère que sa cousine la colère, tout à coup, passer d'un trou à l'autre ne me semblait plus, pour une obscure raison, un choix douteux. J'ai réussi, pour l'honneur, à gonfler les deux mille en quatre mille, le sort en était jeté. Rendu là, j'aurais vraiment fait n'importe quoi pour que ça s'arrête enfin. Quelque Chose inc. a sorti de la poche de son jean un formulaire de cession de bail pour la fin du mois, les quatre mille piasses me seraient refilés une fois le logement vide, tu signes ici, puis moi, je signe là. Il ne restait plus qu'à prendre rendez-vous avec le chum à la patte graissée, c'est bien parfait, on se voit demain matin à dix heures. Mais, le lendemain matin à dix heures – la vie, je ne cesse de le répéter, est remplie de surprises –, le logement n'est plus libre. Tu comprends, c'est pas le premier qui le voit qui l'a, c'est le premier qui le signe, pis la fille, hier, elle l'a signé. Mais M. Gingras m'avait dit… Gingras, ce qu'il dit, ça me regarde pas.

Jean-Claude Gingras, évidemment, fait le chamboulé au téléphone. Comment ça ? Ça se peut pas, je comprends pas, t'es-tu sûr ? Il rappelle l'autre gros cave, me revient en me disant de ne pas m'en faire. M'as t'en trouver un autre. Si ça t'amuse, mais j'annule notre entente. Voyons donc, capote pas, on a commencé un beau processus ensemble, on va quand même pas l'arrêter pour une niaiserie. J'ai beau lui dire que j'ai signé dans la mesure où l'autre logement m'était réservé, Jean-Claude Gingras tient son bout férocement, comme un ivrogne tient sa bouteille. Je suis pas un monstre, personne va finir dans la rue. Regarde, je vais essayer de voir s'il y a pas moyen de faire annuler le bail de la fille, comme ça tout va rentrer dans l'ordre. Quand je lui dis de la laisser tranquille, c'est pas à elle de faire les frais de ton cafouillage, il m'accuse d'être paranoïaque. Ben là, calme-toi, je lui casserai pas les jambes.

Quand je raccroche, le sentiment d'être dans la marde est assez difficile à secouer. Quelque Chose inc. me tient enfin dans sa toile d'araignée. Dans des situations comme celle-là, le manque de moyens, le manque de ressources, le manque d'amis d'enfance devenus avocats et prêts à partir en guerre en souvenir du bon vieux temps, se font cruellement sentir chez celui qui en est démuni. S'il y a quelque chose devant lequel le manque d'argent se trouve désarmé, c'est bien l'argent. Ou, plus précisément, son arrogance, son je-m'en-foutisme, sa violence. Mis à part le va-et-vient constant entre la colère et l'angoisse, les options d'un cassé sont, dans des circonstances de ce genre-là, extrêmement limitées. J'ai donc passé les jours suivants le nez dans les petites annonces, ou bien encore le cul sur mon siège de bicycle, à chercher des logements et à visiter des trous à sept cents, à huit cents, puis à neuf cents par mois, à faire tout un paquet de démarches auprès de l'aide juridique et puis de groupes communautaires de gauche, pour voir jusqu'à quel point la cochonnerie que j'avais signée pouvait tenir la route devant la loi. Les nuits, quant à elles, se passaient à mal dormir.

10

Si les nouvelles internationales nous apprennent quelque chose, c'est bien qu'il n'y a pas de Dieu pour les démunis. C'est pourquoi je m'explique assez mal comment j'ai pu tomber, au hasard de mes recherches, sur un de mes vieux propriétaires, M. Rivet, un saint homme, j'exagère, mais à côté de la viscosité lubrique de l'araignée, il a l'air du Bon Dieu en personne, surtout avec sa barbe blanche lui donnant un côté père Noël. Il avait justement un trois et demie de libre : Ben oui, viens que je te montre ça. Il était correct, j'ai dit OK, j'ai signé le bail. Il était plus cher de deux cents piasses.

Une fois vidé, l'appartement de Quelque Chose inc. avait l'air encore plus bancal qu'auparavant. Avec rien d'autre que ce qui avait déjà été le bleu des murs pour me distraire, la médiocrité avaricieuse de Jean-Claude Gingras s'affichait dans toute sa splendeur. J'étais morose. Pas à cause du départ, mais bien parce que mon plan secret d'humilier Quelque Chose inc., en l'obligeant à me faire un chèque dont le souvenir lui serait resté coincé dans le fond de la gorge, n'avait pas abouti. Je le sais, la vie a d'autres chats à fouetter que de me passer mes petits caprices, mais j'aurais aimé en maudit qu'elle me passe celui-là.

Même si toute l'affaire était pour lui enfin réglée à sa satisfaction, Jean-Claude Gingras restait incapable de ne pas continuer à me bourrer comme une valise et me félicitait de ma décision. Tu pars au bon moment, parce que ça va devenir laid. Mon avocat puis moi, on a trouvé une passe, la Régie, *anyway,* peut pas continuer indéfiniment à me priver de mon profit. Les têtes de cochon qui ont rien voulu savoir vont s'en mordre les doigts, même en me suppliant à genoux, ils auront pas une crisse de cenne. Comme j'avais à ce moment-là mon chèque entre les mains, je n'ai pas pu m'empêcher de lui dire que c'était quand même odieux, ce qu'il faisait pour gagner sa vie. Le terme a eu l'air de l'offusquer. Odieux? Odieux? Voyage un peu! Les Québécois sont le peuple le plus protégé de la terre! Odieux! La Chine, ça, c'est odieux, ce qu'ils font là-bas. Ce qu'on fait, nous autres ici, c'est rien. Évidemment, à partir du moment où un gouvernement totalitaire nous sert de jauge, tout ce qu'on commet devient d'une délicatesse exemplaire. Je lui ai serré la main parce que je sais vivre, puis je suis rentré chez moi.

LE VOLEUR ET LE ROI

Troisième confession

1

J'ai longtemps volé dans ma vie. Ce qui est drôle, c'est que ça n'avait pas grand-chose à voir avec ma situation financière. Je ne volais pas pour survivre, en tout cas pas au sens où on l'entend d'habitude. Ce n'était pas du Dickens ou encore du Zola, mon affaire. Je n'ai jamais volé de pain parce que je mourais de faim. C'était plus niaiseux que ça. Ou peut-être plus complexe.

Mon premier vol, je m'en souviens encore, ça a été un kiwi. J'avais dix-huit ans, je travaillais comme plongeur à la cafétéria du cégep de Rosemont. Ma première job. La première fois où je me démenais à faire une chose que je n'aurais jamais faite si on ne m'avait pas mal payé pour la faire. Ça me troublait. C'est sans doute pourquoi aujourd'hui encore, quand je veux écrire « salaire », je fais le même lapsus : j'écris « salire ».

En plus de laver des chaudrons qu'on aurait pu aisément qualifier de marmites, si ce n'est même de baignoires, j'étais aussi chargé de « fermer » la cuisine. Ça consistait, une fois tout le monde parti, à passer la vadrouille, à essuyer les comptoirs et à remettre un semblant d'ordre dans les chambres froides qui étaient toujours bordéliques. C'est dans celle où l'on mettait les légumes, les fruits et les produits laitiers qu'un soir j'ai entraperçu du coin de l'œil un bol rempli de kiwis. Je ne sais pas ce qui m'a pris, mais j'ai tendu la main et j'en ai mis un dans ma poche. Je l'ai mangé, avec la pelure, dans le métro, en m'en retournant chez nous. Ensuite, j'ai recommencé le lendemain, puis le soir d'après, l'autre soir d'après encore, comme ça, sans cesse, pendant cinq ou six mois. En dernier, leur goût m'écœurait. Je les donnais à gauche, à droite, à mes amis, à mon frère, à ma sœur, une fois même à des inconnus dans le métro qui m'ont pris pour un fou. Je les laissais aussi pourrir dans le fond de mon sac ou encore dans un bol, sur ma table de cuisine.

La seule raison pour laquelle ça s'est arrêté, c'est qu'un après-midi une fille de la cuisine qui ne pouvait pas me sentir a failli me rentrer dedans avec un chaudron rempli de sauce brune bouillante. Un heureux événement. Grâce à lui, parce que pas mal de sauce avait revolé, j'ai pu partir en plein milieu de mon *shift*, malgré les protestations du gérant qui me répétait sur tous les tons : *Come on*, c'est pas si grave que ça. J'ai passé le reste de la soirée à l'urgence, d'où je suis ressorti avec deux bandages blancs, de même qu'un beau gros paquet de documents signés m'ouvrant toute grande la porte des largesses de la CSST.

2

On ne dirait pas comme ça, mais je ressemble beaucoup à Blanche DuBois, la folle dans *A Streetcar Named Desire*. Comme elle, *I've always depended on the kindness of strangers*, j'ai toujours dépendu de la bonté d'un paquet d'étrangers. Le médecin qui me soignait m'a renouvelé ainsi mon certificat d'incapacité à me plonger les bras dans l'eau de vaisselle longtemps après la guérison complète de mes brûlures. À chaque visite, c'était la même routine : le bon docteur défaisait mes bandages, examinait mes plaies, refaisait mes bandages, puis me demandait, sourire en coin, si j'aimais ça, laver de la vaisselle. Comme un bon petit soldat, je lui disais la vérité : Non, pas tellement. Il me signait donc un autre papier, une espèce d'amulette, qui me permettait de ne pas revenir au travail pour encore deux belles semaines. Les gens qui pensent avoir réussi dans la vie me prennent souvent en pitié. C'est peut-être parce que je suis maigre.

Ce manège-là, qui m'a permis de me désintoxiquer des kiwis, m'a surtout donné le temps de trouver une autre job, ma deuxième, même si je ne l'ai pas, en vérité, obtenue par moi-même. Si la propriétaire du Tourne-page m'a engagé quand je me suis pointé à sa librairie, ce n'est pas tellement parce que j'avais fait bonne impression. Environ deux semaines auparavant, j'avais reçu chez moi un document officiel du bon gouvernement de la province de Québec. Pour une obscure raison, j'étais devenu éligible à une *gimmick* d'intégration du marché du travail. Étant donné ma qualité de jeune, l'État s'engageait à payer la moitié de mon salaire, et ce, pour une année entière, à n'importe qui voulant me dire : Bienvenue à bord! Quand Jacqueline a vu le papier bleu, elle m'a demandé si je pouvais commencer lundi. J'étais devenu libraire.

Le premier matin, Jacqueline m'a reniflé en se demandant si, finalement, elle avait fait une bonne affaire. Une chance, un gars est entré pour nous demander *Le Procès* de Kafka. Comme l'inventaire m'était encore quelque peu nébuleux, j'ai regardé Jacqueline qui a regardé le client. *Le Procès* de Kafka, certainement. Avez-vous le nom de l'auteur? Je l'avoue, sa réponse m'a catastrophé. Sans rien dire, j'ai traversé la librairie jusqu'à la section des livres de poche, j'ai trouvé *Le Procès* dans les *K,* je l'ai remis au client qui l'a déposé sur le comptoir. Combien je vous dois? Jacqueline a pitonné le prix sur la caisse, c'est onze et cinquante, s'il vous plaît, de l'argent a été échangé et moi, tout fier, j'ai mis le livre dans un sac; mais avant que j'aie pu le donner au gars, Jacqueline me l'a arraché des mains pour y mettre la facture et aussi un signet. Une fois le client parti, elle n'a pas attendu une seconde pour me dire qu'il ne faut *jamais* oublier de mettre la facture dans le sac. Le signet aussi. C'est important, le signet. Il y a le nom, l'adresse, le téléphone de la librairie dessus. Tout ça, évidemment, sur le ton d'une mère supérieure qui condescend à se pencher sur une pauvre âme perdue.

J'ai réalisé ce jour-là combien je tenais de mon père. Avoir un patron le mettait hors de lui, ce qui est quand même bizarre chez un homme farouchement de centre droit. Mon père haïssait en effet, j'oserais dire avec passion, tout ce qui pouvait de près ou de loin ressembler à un syndicat ou même à un employé mécontent de son sort. Si ça ne fait pas son affaire, il a juste à se trouver une autre job! Mon père, c'est bien simple, adorait le Conseil du patronat. Il devenait, par contre, étrangement hargneux à la seule idée d'avoir un boss pour lui pousser dans le cul.

D'après la chronique familiale, la disposition lui serait venue de son grand-père maternel, qui l'avait pratiquement élevé, et dont le grand drame – mon père le racontait tout le temps – avait été de passer une partie de sa vingtaine en exil à Pittsburgh à cause d'un patron trop bouché. Les détails varient selon les versions, mais, enfin, mon aïeul travaillait comme commis dans une petite, petite épicerie qu'il trouvait trop petite. Sur une base régulière, il demandait à son patron de la faire agrandir, ce sur quoi son patron lui répondait de se mêler de ses affaires. Un été, pendant les vacances de l'achalant, mon arrière-grand-père en a profité pour faire venir un entrepreneur. Quand l'épicier est rentré à la fin août, son magasin avait doublé de volume. Comme la facture avait été libellée à son nom, il a mis la police aux trousses de son commis qui, pour lui échapper, a sacré son camp aux États.

3

Si le désaccord entre mon arrière-grand-père et son patron était d'ordre commercial – agrandir? pas agrandir? –, celui entre Jacqueline et moi, je m'en suis vite aperçu, était plutôt ontologique. Ce qui nous opposait l'un à l'autre, c'était la nature même du monde. Nous n'avions pourtant pas beaucoup de discussions enflammées à ce sujet-là, mais quand j'arrivais en retard ou camouflais trop mal mon désœuvrement, elle se faisait un devoir de m'exposer son point de vue sur la chose. *Grosso modo,* elle pouvait toujours concevoir qu'en raison de mon jeune âge, les priorités de l'existence m'étaient aussi confuses qu'aléatoires. Cela étant dit, je devais bien comprendre qu'en devenant son employé, j'étais aussi entré dans la « vraie vie ». Il ne tenait qu'à moi d'agir en conséquence. Autrement – la vraie vie étant implacable – elle se verrait bien forcée de sévir. Or, la raison principale de mes retards, comme de mon peu d'ardeur au travail, découlait justement de mon incapacité à tenir pour véritable et véridique la « vraie vie », dont le concept finalement m'échappait peu ou prou. C'est d'ailleurs en comprenant qu'il m'échapperait sans doute jusqu'à la fin de mes jours que j'ai commencé à voler des livres à Jacqueline. Les kiwis, à côté de ça, c'était de la petite bière.

Je n'aurais pas fait long feu au Tourne-page si, pendant tout ce temps-là, l'État ne lui avait pas refilé, rubis sur l'ongle, une bonne moitié de ma paye. Je ne vois pas d'autre raison pour laquelle on m'y aurait toléré. Ce n'était peut-être pas aussi vulgaire que ça, mais Jacqueline devait se dire plus ou moins : de toute façon, au prix où il me revient… Mais ce qui devait arriver arriva. Deux semaines avant la fin du *deal* entre le Tourne-page et le gouvernement, Jacqueline m'a téléphoné pour me dire, et je cite, « qu'il était temps qu'on se sépare ». Ainsi s'est terminée ma première année comme libraire, une année extrêmement formatrice. Le Tourne-page m'a en effet initié, et j'ajouterais avec justesse et un sens de la mesure admirable, à tout ce que j'ai pu rencontrer par la suite sur le marché du travail : d'abord l'ennui, ensuite le désœuvrement, et finalement, l'insignifiance. Bref, pour le dire en des termes devenus désuets, beaucoup de ténèbres et peu de lumière.

4

Comme on s'en doute, mon premier quatre pour cent n'a pas été le dernier. Il a inauguré avec honneur une longue série. Et si je peux toujours expliquer par le menu détail chacune des gouttes ayant fait déborder chacun des vases où j'ai pu travailler, tout ça demeure anecdotique. L'unique et véritable raison pour laquelle je n'ai pas su garder la plupart de mes jobs reste au fond assez simple : je n'ai jamais pu m'habituer à mon statut de « ressource humaine ». Le destin d'une ressource, en effet, n'est pas tellement glorieux. Ça se résume à être pompé, consommé ou brûlé d'une façon ou d'une autre. C'est ce qu'on aime chez la bûche, le charbon ou le gaz naturel. Être qualifié de « ressource » est rarement un bon signe. Demandez-le au pétrole. Avant l'invention du moteur à explosion, on lui sacrait la paix. Il passait ses journées tranquille, au chaud dans toutes sortes de sous-sols, sans jamais faire de mal à personne. Mais dès qu'il est devenu une ressource, la belle vie, c'était fini. On a beau ne pas s'entendre sur le moment précis de sa disparition, ses jours, tout le monde le sait, sont comptés. Ostie qu'il doit le haïr, Henry Ford. S'il passe autant de temps à se renverser pratiquement partout où il peut, c'est peut-être bien juste pour se venger.

La ressource humaine subit le même sort. Ce qui compte n'est pas son humanité mais bien sa capacité à être brûlée, idéalement par les deux bouts. Ce qu'on accepte, pendant les heures où on est salarié, ce n'est pas de vendre notre force de travail, comme le pensait Marx dans le temps, mais de quitter notre humanité pour entrer dans la famille des choses. On devient ainsi cousin de la forêt ou du gisement de cuivre. Comme eux, on a du sens dans la mesure où on peut servir. À partir du moment où on commence à s'épuiser, c'est drôle, on perd de notre attrait. On nous laisse tranquille dans ce temps-là, en friche. On ne va quand même pas investir dans de la cochonnerie qui ne vaut rien. J'ai peut-être l'orgueil mal placé, mais ça a beaucoup joué dans mon désir d'être le moins malléable possible. Mon attitude a comme grand avantage qu'on se débarrasse de moi avant ma date de péremption. Chaque fois, je le vois comme une victoire : je suis un homme, pas une ressource. Même si on est assez odieux pour dire qu'elle est humaine.

5

En comptant les interruptions, les entractes, les rémissions, j'ai fait le libraire pendant environ dix-sept ans. Dans chacune des librairies où j'ai travaillé, j'ai volé. Dépendamment de l'endroit, ça oscillait entre un ou deux livres par année à quatre ou cinq, six par semaine. Comme le veut l'expression, c'était à la tête du client. Ce n'était pas nécessairement aussi mathématique que ça, mais plus je me faisais chier, plus je volais. Dans celles où je volais peu, je le faisais, pour ainsi dire, malgré moi. Dans celles où je volais beaucoup, je le faisais avec un enthousiasme, une euphorie frôlant par moments le délire.

J'ai aussi volé beaucoup d'autres choses. Je veux dire, j'ai travaillé ailleurs qu'en librairie. Comme on le répète depuis trente ans, pour être compétitif, faut être polyvalent. À la Sandwicherie, je volais des viandes froides, du fromage, des olives, des cornichons aussi. Chez Van Houtte, bien évidemment, je volais du café. Au secrétariat du cégep de Saint-Laurent, je volais du papier, des crayons, des trombones, des Post-it, des enveloppes. Le seul endroit où je n'ai jamais rien dérobé a été l'édifice où j'étais gardien de sécurité. Ce n'est pas de ma faute, il n'y avait rien à voler. Pour ma défense, j'y ai quand même dormi un nombre considérable d'heures, d'abord de façon inconfortable, sur ma chaise, à mon poste, puis un peu plus confortablement sur le divan dans le salon des visiteurs et finalement, très confortablement dans le lit de l'infirmerie.

Pour en revenir aux livres, ma vraie passion, la librairie où j'ai le plus déliré s'appelait l'Entrepôt du livre. Son patron, dès le début, m'avait flatté bien comme il faut dans le mauvais sens du poil. Pendant mon entretien d'embauche, après avoir survolé mon CV, il s'est contenté de lâcher : Aïe, on est pas des intellectuels, icitte. On vend des livres. Le sort en était jeté. J'y étais pour ainsi dire possédé par un véritable démon. En plus de dérober des livres en quantité quasi industrielle, j'y ai volé pratiquement tout ce qu'il y avait à prendre : des rouleaux de papier toilette, des Scott Towels, du Windex, des sacs de vidanges, des barres de savon, du *duct tape*, des magazines, des journaux. À peu près tout sauf de l'argent. S'il y avait un plaisir certain à posséder les livres dont je m'emparais, une ivresse même à voir les rayons de mes bibliothèques se garnir comme par magie, voler tout ce qui était de l'ordre des produits ménagers me procurait un bonheur immense. Ce bonheur-là, par contre, ça m'attristait, était toujours de courte durée. Une fois dans mes armoires, mon butin commençait déjà à perdre de sa saveur. Quand je commençais à l'utiliser, c'était fini. Plus rien ne le distinguait de ce que j'avais pu acheter en faisant l'épicerie. C'était loin d'être le cas avec les livres. Même des années après, sagement classés par ordre alphabétique dans mes bibliothèques, ceux que j'ai volés brillent encore d'un éclat bien différent de celui des autres.

6

Pierre-Joseph Proudhon, un économiste français, est le premier gars à avoir énoncé : « La propriété, c'est le vol. » Si l'affirmation pouvait toujours choquer au XIXe siècle, elle fait sourire aujourd'hui, tant la plupart des gens la trouvent aussi surannée qu'outrancière. On n'a pourtant pas besoin de la retourner de tous les bords pour y déceler de la vérité. Des empires coloniaux se gavant des ressources des pays conquis aux ouvriers dont on délocalise l'usine pour exciter les actionnaires, la richesse qu'on n'arrête pas de nous inciter à créer s'est plus souvent qu'à son tour arc-boutée sur le dos de ceux qui n'en profitent pas trop. Il ne faut peut-être pas s'étonner alors si, à divers moments de l'histoire, des marginaux plus en maudit que les autres ont décidé, selon le principe de l'arroseur arrosé, de se forger un projet politique visant à déposséder les nantis pour la simple et bonne raison que leurs avoirs étaient précisément le fruit de dépossessions préalables.

Mes vols par contre, il me semble nécessaire de le dire, n'étaient pas politiques. Un certain besoin d'infléchir, au moins symboliquement, le rapport de force entre mes patrons et moi était, bien sûr, à l'œuvre, une envie de compensation aussi, mon salaire, il faut dire, n'arrivant pas à l'accomplir tout seul, le pauvre. Un esprit de vengeance, je suis prêt à le concéder, devait certainement y jouer un certain rôle – comme ils m'écœurent, je vais les écœurer moi aussi –, mais tout cela n'en constituait en rien le moteur principal.

Si j'ai volé, c'est pour une raison simple. Partout où j'ai pu travailler, il n'y avait rien d'autre à faire. Évidemment, il y avait de la vaisselle à laver, des planchers à torcher, de la paperasse à photocopier, des cafés à préparer, des livres à étiqueter, mais tout ça, c'était de la frime, à la limite de l'arnaque, même. Ce qu'on me demandait, en vérité, n'avait rien à voir avec ces tâches. On exigeait seulement de moi de contribuer comme tout le monde à générer de l'argent. Si j'avais pu en produire de façon directe, en faire apparaître par magie, jamais on ne m'aurait demandé de faire autre chose. Placer des livres, dresser l'inventaire, passer le balai, toutes ces niaiseries-là n'étaient jamais que des prétextes, un détour plus ou moins pénible pour arriver à l'objectif ultime qui était toujours le chiffre d'affaires. L'objet lui-même, le service offert, les employés, les clients n'avaient, pour le dire comme ça, aucune réalité, aucun poids. Ce qui en avait, c'était l'argent, une chose, je le rappelle, purement symbolique. Et ce symbole-là, jour après jour, mangeait le réel. Au point où il fallait vraiment faire un effort pour l'entrapercevoir à travers le brouillard de chiffres généré par toute notre vaine agitation. Le matin, quand je me rendais au travail, je ne partais dans les faits pour nulle part. En entrant chez Van Houtte, ou à la librairie Prud'homme, j'avais le sentiment, chaque fois, de quitter le monde pour m'engoncer dans un univers parallèle peuplé d'ombres et de faux-semblants. Je volais à cause de ça. Pour revenir au concret des choses, me préoccuper de leur valeur, pas de leur prix. Chaque vol était ainsi une tentative, naïve j'en conviens, de percer une espèce de trou afin de faire entrer dans notre obscurité un petit peu de lumière, de réel, d'air frais. Voler, contrairement à ce que je pouvais faire d'autre quand j'étais au travail, c'était un geste concret. Ce n'était bien sûr pas suffisant pour repousser à jamais les ténèbres, mais ça m'aidait à voir où je mettais les pieds. Ça m'a évité de me casser la gueule.

7

Comme beaucoup de personnages peuplant la mythologie grecque, le roi Midas n'est plus trop, trop une référence aujourd'hui. C'est dommage. Son histoire commence par une brosse. Une vraie, une grosse. C'est Silène, un satyre, un soûlon, le père adoptif de Dionysos, qui la prend. Cette nuit-là, il boit tellement qu'au matin, il n'a pas la moindre idée de l'endroit où il se trouve. Comme, en plus, il a mal à la tête, au cœur, au foie, il se met à désespérer. À vomir, également, pour ce qu'on en sait. Le roi Midas le trouve justement à ce moment-là. Porter une couronne n'impliquant pas d'être dépourvu de compassion, il le ramène au château, siffle deux, trois serviteurs puis leur ordonne de s'en occuper comme du monde. Je ne sais plus comment Dionysos, qui se rongeait les sangs, apprend que Silène est chez Midas, mais toujours est-il qu'il débarque là lui aussi. Retrouvailles, effusions. Dionysos est tellement content de retrouver celui qui s'est donné la peine de l'élever que, pour remercier Midas, il lui accorde un vœu. Demande n'importe quoi, ça me dérange pas. Comme dans toutes les histoires du genre, le roi va fauter. Dans un premier temps, Midas se dit qu'il aurait avantage à choisir comme il faut. Un vœu, ça s'épuise vite. Mais si on fait le bon choix, ça peut durer longtemps. La première affaire qui lui vient à l'esprit, c'est, on s'en doute, l'argent. Avec ça, au moins, je vais pouvoir me payer la traite. On a beau être roi, l'argent, on n'en a jamais trop. Des sous donc, OK, mais combien ? Midas se lance dans toutes sortes de calculs, mais peu importe la somme finale, il en vient toujours, dans ses rêveries, à l'épuiser au complet. Ça le déprime. Tout à coup, il a son *flash* : être capable de générer de l'argent à volonté, quand ça lui chante. Pas de calcul, pas de budget, pas d'inquiétude. De cette manière-là, ça n'arrêtera jamais, et ses chances de se retrouver un jour Gros-Jean comme devant seront réduites à peu près à zéro. Je veux être capable de transformer en or tout ce que je touche. Pour Dionysos, offrir ça ou un sandwich au jambon, c'est du pareil au même. Il lui accorde son vœu sans arrière-pensée, le remercie de s'être occupé de Silène, puis s'en retourne chez eux, avec son soûlon de père en dessous du bras.

Une fois tout seul, Midas est un petit peu nerveux. Marchera, marchera pas ? Comme il est juste à côté d'un figuier, il tend la main lentement, timidement même, jusqu'à ce que le bout de ses doigts touche le tronc. Pouf ! Des branches aux racines en passant par tout le reste, le figuier en entier se transforme en or massif. Le roi devient tout énervé, euphorique, hystérique, il se met à courir à travers son royaume. Les buissons, les couleuvres, les oliviers, la garnotte, les rochers, les brins d'herbe, tout y passe. La seule chose qui l'arrête, c'est la faim. Se démener comme il fait, ça creuse. C'est comme ça qu'il rentre au château demander à un de ses cuisiniers de lui préparer un petit lunch. Quand le serviteur arrive avec la cuisse de poulet, le bol d'olives, le fromage puis le pichet de vin, Midas se dit miam-miam, ça va être bon. On voit d'ici le malheur. À la minute où le roi prend la cuisse de poulet dans ses mains elle se transforme en or. C'est la même chose avec le fromage, les olives ; même le vin, quand il touche les lèvres du souverain, se change en beau métal précieux. Midas commence à la trouver moins drôle, surtout que sa fille chérie débarque à ce moment-là pour lui sauter au cou.

8

« Cassé » est une traduction littérale de *broke*, un anglicisme donc une image, on pourrait dire familière, laissant entendre que l'on est momentanément dépourvu d'argent. L'expression viendrait du XIVᵉ siècle, au moment où, en Europe, les banques se mettent à pulluler, et avec elles, comme on s'en doute, le crédit. La Renaissance, ce n'est pas juste Montaigne, Michel-Ange ou François Iᵉʳ. Comme on n'avait pas encore inventé le plastique, à la place des cartes d'aujourd'hui, les banques faisaient faire pour leurs bons clients des plaquettes en porcelaine, qui ressemblaient à des tuiles de salle de bain, sur lesquelles on inscrivait le nom de la banque, celui du détenteur puis finalement sa limite de crédit. Quand celui qui franchissait ladite limite se rendait à la banque pour essayer de téter un peu d'argent, le préposé au guichet, pour lui signifier son refus, fracassait la plaquette, bête de même, sur le comptoir. À partir du moment où sa plaquette était cassée, le gars l'était aussi.

Les Français, de leur côté, disent « fauché ». Le terme emprunte à la paysannerie et non à la finance, puisque l'expression entière précise « comme les blés ». Un sans-le-sou, en effet, se retrouve aussi nu qu'un champ au lendemain de la moisson. Dans un cas comme dans l'autre, ce qui faisait sa valeur lui a été retiré. Chose amusante, dans la même veine argotique, *faucher,* le verbe cette fois-ci, signifie « voler ». On m'a fauché ma montre, mon collier, mes souliers, ainsi de suite. À l'époque où les gens se promenaient avec une bourse au lieu d'un portefeuille, ils attachaient généralement celle-ci à leur ceinture à l'aide d'une cordelette ou d'une lanière de cuir. Le voleur, pour s'emparer de l'argent, devait donc faucher la ficelle à l'aide d'une serpette ou encore d'un couteau. Dans le domaine du sport, *faucher*, le verbe encore et toujours, je cite *Le Petit Robert* – je n'ai pas les moyens de m'acheter le gros –, veut dire : « faire tomber brutalement un adversaire par un moyen irrégulier ». *Faucher* peut aussi vouloir dire « abattre » jusque dans son sens le plus brutal, c'est-à-dire tuer. Le fauché est ainsi celui qu'on a rasé, émasculé et fait tomber d'une manière vicieuse. Dans le pire des cas, cela peut mener à la mort, celle-ci étant, comme on le sait, la Grande Faucheuse.

Finalement, j'aime mieux être cassé. C'est peut-être un anglicisme, mais ça me ressemble. Être cassé, c'est être rompu, brisé, ne pas ou ne plus fonctionner. C'est tout à fait mon cas. Ça ne marche pas, mon affaire. Je n'ai pas non plus toujours envie que ça marche. Comme on me le reproche de temps en temps, je ne m'aide pas beaucoup. La remarque me fait un drôle d'effet. Un mélange de honte et de désarroi. Comme si on me mettait au ban des choses, au ban du monde. Je ne sais jamais quoi répondre et, d'habitude, je regarde par terre comme un enfant fautif. Ça ne change pas grand-chose à l'affaire, mais ça donne un peu de tonus au reproche. Celui qui me le sert a l'impression de ne pas gaspiller sa salive. Ça fait peut-être même sa journée. L'autre option est presque pareille : je regarde au loin, par la fenêtre, quand il y en a une. Malheureusement, je ne sais pas trop pourquoi, elle appelle une réaction beaucoup moins agréable : Bon, ben, c'est ça, reste dans ta marde. Comme si le fait de fixer l'horizon était un affront ou de l'arrogance. Georges Hyvernaud a raison : « On n'est jamais trop poli quand on est pauvre. » Ce n'est pas tout d'être cassé, il faut en plus être humble. Un pauvre baveux, personne n'aime ça.

M'aider beaucoup, je veux bien. Mais à quoi ? À m'acheter une maison, un terrain, une clôture, un cinéma maison, un chalet, deux autos ? À me payer un voyage dans le Sud chaque année ? Pourquoi ? Pour que ceux qui possèdent les mêmes affaires me considèrent comme un des leurs ? Misère. Tout ça me fait juste penser à la « vraie vie » avec laquelle Jacqueline m'achalait. J'ai l'impression qu'on veut m'enrégimenter, comme elle, dans une équipe pour participer à un sport insignifiant dont les règles sont odieuses. À la fin d'une partie, on a beau regarder dans toutes les directions, tout ce qu'il y a à voir, c'est de la richesse, c'est-à-dire la pauvreté qu'elle recouvre, qu'elle chevauche, qu'elle étouffe.

9

Le monde entier, j'en ai par moments l'impression, avec nous autres dedans, est une manière de lac, ou même seulement, les jours où je suis plus fatigué, de flaque qui, à cause du froid, lentement mais sûrement, se raidit, se durcit, se cristallise, se crispe. Ses espaces encore liquides ont l'air d'être cernés. Je ne sais pas si c'est le début, la fin ou le milieu de l'hiver, mais en tout cas la glace avance. Elle se resserre, pas pressée, autour de ce qui reste. Je ne sais pas non plus si c'est de la volonté, ou un bête réflexe pavlovien, mais tant qu'il restera de l'eau, même une ou deux enclaves, la glace ne sera pas tranquille. On dirait une armée en marche. Ça n'a pas gagné tant que ça n'a pas tout conquis. On dirait le roi Midas. Le commandant en chef, c'est lui. Chacun de ses maudits soldats est capable de changer en or tout ce qu'il touche. Les moins doués changent ça en plomb ou en plastique, en *styrofoam*. C'est pas grave. C'est pareil. Ils avancent.

Avoir les pieds dans l'eau, je le sais bien, surtout quand nos bottes sont trouées, n'est pas la situation idéale. Les matins où je suis pris pour compter mes cennes, où je dois me rendre au comptoir de ma caisse pop parce que le guichet automatique ne veut pas me donner les quatorze piasses et vingt-deux qu'il me reste, je me fais chier. Mais le monde en or de Midas m'écœure encore plus. Dans les petites zones de la flaque qui n'ont pas encore été contaminées, même si l'eau est boueuse, on peut la boire, on peut se baigner, patauger, barboter, s'arroser, se noyer, en un mot comme en cent, on peut faire quelque chose. Ce n'est pas là que réside ce qui peut nous rester de vraie « vraie vie », mais comme le suggère l'adage, de deux maux, en l'occurrence ici de deux exils, il n'est peut-être pas mauvais de choisir le moindre. L'on comprendra, j'espère, que si la chose m'était donnée, je n'opterais pas ainsi pour un pis-aller. Je choisirais plutôt un lieu qui ne serait pas un bête réservoir à épuiser. Un endroit où l'angoisse de vivre ne serait pas maquillée comme une pute en angoisse de payer son loyer ou sa carte de crédit ou de gaver son REER. Un lieu où on pourrait, en paix, laisser son irritation d'être soi s'aggraver, s'apaiser, s'aggraver, puis s'apaiser encore, au gré d'un rythme qui, comme nos empreintes digitales, n'est semblable à nul autre. Si Dionysos était là, devant moi, je lui demanderais seulement ça. Qu'on ne vienne pas me dire que c'est plus déraisonnable que le vœu de Midas.

LA VIOLENCE ET L'ENNUI

Quatrième confession

1

Mon père et ma mère venaient de la ville, une origine commune qui ne les unissait pas. Mon père rêvait de pouvoir s'installer dans le fond d'un rang ou, mieux encore, dans le bois, juste à côté d'un lac ou d'une rivière. Pour ma mère, c'était un peu le contraire. Dans la mesure où le théâtre, le cinéma, les librairies et les musées étaient pour elle le sel de la vie, la seule chose qui l'intéressait était de se rapprocher le plus possible du centre-ville. Je n'ai jamais pu savoir à quel point cette tension-là était insupportable pour chacun d'eux, mais à peu près une année après leur mariage, ce qu'ils ont trouvé de plus simple à faire a juste été de couper la poire en deux. J'ai passé mon enfance, puis mon adolescence pas plus dans un rêve que dans l'autre.

2

Dans *banlieue*, à la manière du proverbial nez au milieu du visage, je ne perçois que le *ban*. De là, comme la pente est glissante, j'entends « bannissement », puis « exil ». *Ban* dérive du latin *bannus*, qui était une « amende infligée à cause d'un délit contre le pouvoir public ». Au XIIᵉ siècle, le français l'adopte, afin de désigner « une loi dont la non-observance entraîne une peine ». Au bout d'un certain temps – le langage, c'est chiant, est rarement une chose fixe – *ban* en est venu à signifier une convocation, celle du suzerain à ses vassaux quand il trouvait que c'était le temps de faire la guerre. L'équivalent, en gros, de notre conscription. Ça expliquerait, et me semble-t-il de façon élégante, la parenté des rangées de bungalows avec les alignements de baraquements militaires. *Anyway*, à la longue, le terme s'est mis à désigner le territoire même qui était soumis à ce ban-là. Le mot *banlieue*, issu de la féodalité, désignait donc l'espace, d'environ une lieue, jusqu'où l'autorité comme le bon vouloir du suzerain s'étendaient. Il ne m'apparaît ainsi pas trop délirant d'avancer que la banlieue, aujourd'hui, est le lieu même du ban, c'est-à-dire de la conformité aux mots d'ordre. Et si ça se trouve, c'est le ban lui-même devenu lieu. Je veux dire, comme le verbe s'est fait chair.

3

La transmission est un processus sinueux. Ce que m'ont essentiellement transmis mon père et ma mère par le biais de leur compromis, c'est combien la banlieue est un endroit où on se languit. D'abord d'un autre endroit, puis, bien sûr, d'une autre vie, peut-être même aussi d'un autre amour, d'une femme, d'un homme avec qui nous pourrions partager ce qui arrive, un peu par accident, à nous faire supporter la stupeur d'être en vie. Je ne peux pas m'empêcher de penser que c'est parce qu'un autre monde y semble bel et bien impossible que ceux qui habitent en banlieue ont la force de se lever le matin pour se rendre pare-chocs à pare-chocs sur leur lieu de travail, d'en revenir de même en fin d'après-midi puis de s'occuper, la fin de semaine, de leur gazon, de leurs haies ou de leur clôture pour après ça se rendre chez Costco s'acheter sagement Dieu sait quoi, à crédit.

C'est dans une conférence intitulée *Le Savant et le Politique,* donnée un an à peine après l'horreur sans nom qu'on a fini par désigner, j'imagine, faute de mieux, la Première Guerre mondiale, que Max Weber a introduit au monde son fameux concept de violence légitime. Comme c'est un texte que j'ai lu il y a longtemps, mon souvenir en est un peu flou, mais d'après mon souvenir, l'idée défendue par Weber est que l'État moderne, quand il a émergé, se trouvait un peu fourré. Après le brassage de cage des Lumières, puis l'euphorie des régicides qui ont découlé de la Révolution française, un peu comme s'il dégrisait, l'État moderne s'est rendu compte à quel point conserver le pouvoir était plus compliqué que l'acquérir. C'est que contrairement aux autres formes de pouvoir qui l'avaient précédé, disons, pour faire vite, depuis les Grecs, l'État moderne ne pouvait pas légitimer ses prétentions en s'assoyant sur la puissance de Dieu ou quelque autre forme plus ou moins structurée de transcendance. Que faire, que faire pour camper mon autorité, et pour que tout ne bascule pas dans la barbarie? L'État moderne passait ses grandes journées à se le demander. À force de se creuser les méninges, il a eu à un moment donné une espèce de déclic. Après, il a mandé sa population, puis il lui a tenu un grand *speech*: Bon, écoutez, j'ai pensé à quelque chose. C'est assez osé, j'en conviens, mais confiez-moi, symboliquement bien sûr, je ne suis pas complètement schizophrène, la part de violence qui se trouve en chacun de vous. Je vais en faire un gros tas, puis je vais le garder par-devers moi par le biais de mon armée, de ma police, puis des autres appareils répressifs plus ou moins embryonnaires en ce moment, mais qui vont bien finir par se développer avec le temps. Je sais que ça peut paraître intense, mais je ne fais pas ça pour le *fun*, au contraire. Avec ce système-là, si jamais votre voisin vous met son poing dans le front, ou se décide à voler vos souliers, à mettre le feu à votre grange ou même seulement à vous pisser dessus, au lieu de le fesser ou de le mordre, dites-lui seulement qu'il n'a pas le droit de le faire, puis appelez-moi. Inquiétez-vous pas, des coups, il va finir par en recevoir. En plus, c'est moi qui vais les donner à votre place, mais sous la forme d'amendes, de peines de prison, de travaux communautaires ou d'injonctions, ce qui, vous en conviendrez, est plus propre, on n'est quand même pas des sauvages. Fait que, en résumé, pour que ce soit clair: la violence, à partir de tout de suite, c'est mon affaire. J'ai le droit de fesser, j'ai le droit d'emprisonner, j'ai le droit de contraindre, j'ai même le droit de tuer par le beau biais de la peine capitale, mais que je n'en vois pas un maudit s'essayer à faire quoi que ce soit de cet ordre-là par lui-même pour son propre profit, parce qu'il va y goûter.

Le détour peut paraître laborieux, mais si je m'attarde au concept de violence légitime, c'est qu'il me semble une voie royale pour atteindre le noyau dur de la banlieue. Celle-ci, en effet, pourrait bien reposer sur un principe analogue, soit l'ennui légitime. Tout comme l'État moderne a su, au temps de son origine, s'accaparer la violence de ses citoyens afin que l'ensemble du corps social ne s'abîme pas à longueur de journée dans le sang, la banlieue a très bien pu, pour sa part, recueillir en son sein le désarroi et l'ennui de ceux qui l'habitent. En conséquence, les banlieusards sont capables de vaquer à leur vie sans trop sombrer dans la neurasthénie. Mais les liens de la banlieue avec les idées de Weber ne sont pas seulement analogiques. Je m'en voudrais de le laisser entendre. L'ennui dont dispose la banlieue, pour ainsi dire à satiété, se déploie en effet grâce à la violence de l'État, enfin, grâce à l'usage qu'en fait désormais l'entreprise privée depuis qu'on a trouvé que c'était plus commode de la lui refiler en sous-traitance. Si la banlieue peut ainsi s'ennuyer à force d'uniquement se préoccuper de ses problèmes d'intendance, c'est en raison des lumières de Noël, des costumes d'Halloween et des écrans plasma dont elle est si friande et qui sont produits au loin, là où son regard ne porte pas, et dans des conditions qu'il lui serait impensable d'accepter pour elle-même. Or, c'est là que cet ennui devient d'une tristesse sans nom. Car pour acquérir les bébelles dont elle a tant besoin pour maintenir à flot la représentation qu'elle se fait d'elle-même, la banlieue est forcée de vivre au-dessus de ses moyens. Financiers, tout d'abord, mais plus encore moraux. La banlieue, en effet, afin de vivre comme elle vit, s'endette sur deux tableaux. D'abord, comme on le sait, auprès des institutions financières, et ensuite, ou simultanément, auprès de ceux et celles qui fabriquent pour elle, en étant traités comme des bêtes, l'essentiel de ce qu'elle consomme, si ce n'est dans les faits ce qu'elle consume. C'est là le drame des banlieusards. Ils ont beau être délestés du poids de leur ennui, ils ne le sont pas de celui de leurs dettes, de la première, la pécuniaire, qui les rend fous à force de leur faire craindre qu'ils ne pourront l'honorer et de la deuxième, la morale, qui, elle, les rend fous à force d'être farouchement irremboursable. En plus de ça, les *sweatshops* pullulant en bonne partie parce qu'un matin des actionnaires se sont dit : Ça serait une bonne idée de la délocaliser, l'usine de l'Assomption, les chômeurs créés de la sorte deviennent *ipso facto* une clientèle rêvée pour les fabriques de parapluies qui perdent leurs baleines au bout de trois averses ou encore d'ouvre-boîtes qui pètent après leur septième canne. Si Victor Hugo pouvait se permettre d'affirmer : « C'est de l'enfer des pauvres qu'est fait le paradis des riches », nous n'avons même plus ce loisir-là tant notre paradis est infernal à force d'être pathétique. On dirait *La Planète des singes*. À cette différence près que ce ne sont pas ici les primates qui dominent, mais plus tristement les bébelles. Les rares fois où je retourne au pays de mon enfance, il m'est assez difficile, je l'avoue, de ne pas repenser à Charlton Heston à quatre pattes de rage et de désespoir devant la statue de la Liberté ensablée jusqu'au cou, et à ce qu'il crie, surtout, en guise de conclusion à sa mésaventure : « Cette planète maudite, c'est la Terre ! »

4

Cela dit, je ne me désole en rien, au contraire, d'avoir commencé en banlieue ce qui me sert d'existence. Je serais triste de le laisser entendre. Je suis loin d'être convaincu qu'il me serait donné d'être moins carencé, moins maladroit, si mon père ou ma mère avait remporté haut la main la lutte secrète les opposant et, dès lors, avait pu imposer à l'autre le cadre où élever leur famille.

La banlieue m'a offert, en cela, vraiment, je lui en suis reconnaissant, d'expérimenter dès mes premières années toute la trivialité du monde. Elle m'a montré ce que c'est de vivre désarmé, en tout cas aveuglé, si ce n'est mutilé, handicapé et gangrené, par tout ce qui est censé nous remplir de bonheur.

5

On oublie parfois aujourd'hui à quel point l'arrivée de l'Amérique dans la conscience européenne a chambardé les choses. Parce qu'à force d'entendre parler de tout cet espace-là, ce qui s'est mis à germer dans un paquet d'esprits français, anglais, portugais, hollandais, espagnols, en plus d'une fièvre de l'or, c'est un immense fantasme de *tabula rasa,* une soif délirante d'un monde où tout recommencer à neuf, d'une existence enfin débarrassée des haines et des conflits immémoriaux de la vieille Europe. La banlieue est peut-être ainsi la réalisation parfaite de ce premier rêve américain, l'aboutissement ultime de l'appétit pour un lieu en dehors du monde civilisé, pour une existence tranquille pouvant enfin se dérouler sans être tout le temps la proie de notre folie meurtrière. Bref, un endroit où rien ne pourrait arriver, d'où rien non plus ne saurait surgir.

6

Quand j'ai vu Dubé la première fois, il était tout nu, en tout cas presque. Une paire de bobettes sales, c'était tout ce qu'il portait. On l'a quand même laissé jouer avec nous autres. Pendant ce temps-là, ses parents emménageaient dans l'ancienne maison des Limoges, pour leur part partis s'installer à Joliette. Je ne sais pas trop si c'est à cause de la barbe du père, je veux dire une vraie grosse, quelque chose de broussailleux, ou si c'était dû à son statut de prof d'université, sans doute les deux, mais la rumeur que les Dubé étaient des communistes s'est mise à circuler – je précise qu'on était à ce moment-là au début des années soixante-dix. Le reste a suivi : ils mangeaient dans de la vaisselle sale, la bonne femme ne se rasait pas les jambes ni le dessous des bras, le bonhomme, lui, à chaque matin, chiait dans sa baignoire. Même les Demers, tous plus ou moins sur le B.S., soûls, à faire peur du matin au soir, trouvaient que c'était du drôle de monde. Évidemment, personne ne les connaissait assez pour confirmer ou non les commérages, mais leur gazon qui pouvait atteindre à peu près deux pieds de haut à la fin de l'été, des fois plus, avait le don d'aviver les pires craintes. La plus jeune chez eux, en plus, était trisomique. Ça ne les aidait pas trop.

Un soir où on se courait après comme des fous en bicycle, les policiers et les voleurs ont décidé à un moment donné de faire front commun pour s'attaquer aux communistes. On s'est mis à faire le tour du carré en criant, à chaque fois qu'on passait devant chez Dubé : Maudit malade, suceux de bat, communiste !

Au bout de quinze, vingt minutes, on s'en doute bien, le bonhomme s'est tanné. Je le revois encore gesticuler en nous disant
de rentrer chez nous ; évidemment, ça nous excitait plus qu'autre
chose. Je ne sais plus trop comment ça a pu finir. On s'est vraisemblablement juste tannés puis on est passés à autre chose. Ce
qui reste par contre encore gravé dans ma mémoire, c'est que
nos parents, dehors à prendre la fraîche, ont passé tout ce temps-
là à nous regarder faire sans rien dire.

7

Les Iroquois du temps de la Nouvelle-France auraient trouvé ça d'une tristesse infinie, les Grecs anciens aussi, ou bien ils auraient ri de nous autres, mais ce qui était pour nous de la vraie nature sauvage consistait en un affluent brunâtre d'à peu près dix pieds de large. Il se trouvait engoncé entre quatre espèces de points cardinaux, soit la route principale qui amenait à Saint-Paul-l'Ermite, le viaduc de l'autoroute, le terrain de *peat moss* du bonhomme Gagné puis la *track*. En arrière d'elle, il y avait un champ en friche s'étalant à peu près jusqu'à l'horizon, où tout ce qu'on pouvait voir, c'était les arsenaux canadiens de Sa Majesté la reine. On appelait ça « le petit crique », au masculin, pour une obscure raison. Même mon père, obsédé comme il l'était par la qualité du français, ne s'en formalisait pas. Les plus vieux aimaient nous raconter qu'à peine une dizaine d'années plus tôt, on pouvait encore attraper là des brochets, je veux dire des vrais, on les mangeait en plus, mais l'eau vaguement croupie dans laquelle on osait juste tremper le bout de nos bottes ne nous donnait pas tellement envie de les croire. On se contentait d'y lancer des roches.

Un soir où on était en train de niaiser sur le terrain de *peat moss,* dont un petit bout était aussi un dépotoir, on est tombés sur un char qu'on n'avait jamais vu. Ce n'était ni celui du bonhomme Gagné ni celui du frère à Limoges. À force de se demander à qui il pouvait être, on a fini par se convaincre qu'il n'était à personne. C'est à ce moment-là qu'Archambault a lancé en criant une brique sur le pare-brise. Piché en a lancé une autre sur le capot. J'ai fait pareil, moi aussi, le bal était ouvert, pour ainsi dire. Quand un des deux phares avant a pété, on est devenus comme fous. On s'est mis à fesser avec tout ce qui nous tombait sous la main, des bouts de tuyau, des crampons rouillés venant de la *track*, un pot de peinture vide aussi, puis tous les trois, à force de sauter dessus, on a fini par cabosser le toit comme il faut. On s'est mis après ça à grafigner les portes avec des clous, puis à fracasser, autant que faire se peut, les vitres, jusqu'à ce qu'Archambault se mette à pisser sur un des *caps* de roue. Pour une étrange raison, ça nous a dégrisés. Si ce n'était pas tout à fait devenu une carcasse, on ne pouvait pas non plus clamer sans rire que c'était encore un char.

On n'est plus jamais retournés au petit crique après ça.

8

L'anecdote est finalement assez connue : devant la gang de journalistes lui demandant pourquoi il voulait s'attaquer à l'Everest, l'alpiniste George Mallory a répondu : « *Because it's there.* » C'est exactement la raison qui me poussait à me rendre, semaine après semaine, au centre d'achats. À quatorze ans, quand je voulais m'arracher à ma chambre, au sous-sol familial, ou encore à moi-même, il n'y avait pas tellement d'autres endroits où aller, à part peut-être le McDonald's ou le Dunkin' Donuts, dont de toute façon on faisait vite le tour.

Le centre d'achats a ainsi pris une place importante dans ma vie, en bonne partie parce qu'il représentait le lieu de tous les possibles, même si, en fait, rien ne s'y passait. Comme la cigarette, la masturbation, la bière, c'était essentiellement une étape, un rite de passage ; c'était comme entrer à la polyvalente. Il était là pour nous faire comprendre qu'on commençait à s'enfoncer dans ce qu'on nous proposait maintenant comme existence. Si le crique nous tenait lieu de nature, le centre d'achats, lui, tout aussi tristement, nous tenait lieu de culture. On y allait à deux ou trois, ou encore seul, pour regarder chaque fois les mêmes affaires, à la manière des chiens qui, pendant leur promenade au bout de leur laisse, ne peuvent pas s'empêcher de pisser, de fois en fois, sur le même arbre, la même clôture, le même banc de parc. La seule variation notable était le rayon des jouets chez Zellers, qu'on reluquait au rythme irrégulier de notre nostalgie.

Finalement, on allait là comme au musée, pour voir des choses qu'on n'avait pas chez nous.

Je m'explique mal, par contre, le peu d'achats qu'on y faisait. L'absence d'argent, bien sûr, jouait un rôle non négligeable, mais je ne sais pas si j'aurais dépensé frénétiquement si j'en avais eu les moyens. Regarder les disques, parce que c'était ça le *thrill*, les livres, les *running shoes*, et puis les GI Joe pour lesquels j'étais devenu trop vieux, me distrayait assez de moi-même pour que j'aie l'impression qu'ils remplissaient leur office. Il y avait au fond quelque chose de l'ordre de la pornographie dans tout ça, de la contemplation des filles toutes nues qu'on trouvait dans *Playboy*, ou *Penthouse*, ou *Hustler* : le fantasme de les posséder pour de vrai ne nous effleurait même pas. C'était d'être en présence des images qui comptait.

9

Dans *Dawn of the Dead,* le deuxième opus de George A. Romero sur les morts-vivants, un groupe de survivants trouve refuge contre le chaos du monde dans un centre d'achats pas trop loin de Pittsburgh. La place, quand ils arrivent, est déjà désertée, sauf bien évidemment par les cadavres qui marchent, ou plutôt titubent, sans but réel, le long des allées bordées de magasins fermés par des grillages métalliques ou de grandes baies vitrées. Mais c'est dans le stationnement qu'il y en a le plus. Du toit où ils se rendent une fois de temps en temps pour vérifier où en est rendu le monde, les survivants en voient affluer de partout, de nulle part, comme si on les produisait en série dans le seul but de les acheminer là. La fille du groupe, un soir, en les regardant s'agglutiner aux portes d'entrée comme des fourmis sur un pot de miel, ne peut pas s'empêcher de se demander ce qui leur prend. Laconique comme seuls le sont les héros, son chum lui répond en regardant au loin : « *This place was important for them.* » Même si je lui préfère *Night of the Living Dead,* en noir et blanc, et moins grand-guignolesque, je prends toujours plaisir à revoir *Dawn of the Dead,* en particulier les scènes où les morts-vivants déambulent dans le centre d'achats. Ça me rappelle, avec une certaine nostalgie, mon adolescence.

Par contre, les moments où les quatre survivants se mettent pour ainsi dire à magasiner me sont insupportables ; on les voit essayer des vestons, des coupe-vent, des robes, des manteaux de cuir ou de fourrure, des chapeaux, de l'*after-shave,* du parfum, et se les approprier dans une espèce de joie naïve pouvant rappeler les matins de Noël au pied du sapin. Le pire, c'est de les voir regarder, excités, le prix des objets, comme si, alors que rien n'est plus, ça pouvait encore représenter quelque chose. Ces images-là, je l'avoue, me font peur, et beaucoup plus que celles où le sang et les viscères giclent. Rien ne peut être, me semble-t-il, plus effrayant que des gens enfermés dans une civilisation en train de s'écrouler et qui, pour ne pas s'écrouler eux aussi, c'est-à-dire pour s'accrocher comme ils le peuvent à leur humanité, n'ont rien d'autre à se mettre sous la main que du luxe bas de gamme n'ayant plus ni sens ni valeur.

10

L'autre lieu où l'on passait le plus clair de notre temps était bien sûr l'école, une polyvalente sans trop de fenêtres, construite, j'ignore pourquoi, en plein milieu d'un champ, ou quasiment de nulle part. À chaque début d'année, le directeur nous faisait le même discours qui se terminait toujours par sa phrase célèbre : Et rappelez-vous que vous n'êtes pas ici chez vous, mais qu'on vous y tolère. Comme le disent les Anglais, *it's funny 'cause it's true.*

Je suis toujours étonné d'avoir une mémoire aussi précise de ces années-là, de l'atmosphère, surtout, qui régnait à la polyvalente, de la conception de l'éducation qui y flottait comme une odeur et qui, plus que n'importe quoi d'autre, nous était inculquée. Plus concrètement, c'était clair comme de l'eau de roche, ceux qui cheminaient, à partir de secondaire 3, dans les filières professionnelles étaient considérés par l'essentiel des professeurs et directeurs comme des débiles légers. Ceux qui suivaient le cursus menant au cégep ne devaient sous aucun prétexte essayer de les imiter, d'autant plus que ces élèves-là n'étaient pas des abrutis mais bien des déclassés, des délinquants qui, plus tard, une fois tout le monde bien installé dans la vie, risquaient de venir vous voler votre char ou votre télévision.

Si le savoir manuel s'avérait méprisé, le savoir intellectuel n'était pas pour autant célébré. Il souffrait lui aussi du même dédain. La méthode était seulement plus hypocrite et s'avançait masquée. Sans pouvoir l'énoncer de manière aussi brutale, on pressentait bien qu'on n'était pas tellement là pour apprendre ou, plus humblement, se familiariser avec la grammaire, l'algèbre, la chimie, la physique ou l'histoire. L'important était d'obtenir les notes nous permettant d'accéder au niveau scolaire suivant. La comparaison est grossière, mais finalement, ce qu'il fallait faire, c'était circuler. Tout comme les capitaux, peu importe la façon.

Longtemps avant l'arrivée de l'expression dans le langage courant, nous avons donc instauré une économie du savoir, en gros basée sur le modèle coopératif. Tout ce qu'il fallait pour y participer était une mise de fonds, soit une aisance certaine dans une matière quelconque. Celui qui était fort en géométrie ou en théorie des ensembles prêtait ainsi son devoir de math à celui qui n'y comprenait jamais rien. En échange, celui-là lui refilait un devoir d'histoire ou une rédaction pour le cours de français. Les trocs se déployaient comme ça, pour ainsi dire à l'infini, selon les matières, et des réservations pour une place juste à côté les uns des autres étaient aussi organisées pendant les examens, surtout quand arrivaient à la fin de l'année ceux du ministère, qui nous terrifiaient. De cette façon, et à l'aide d'un code tout en finesse faisant appel au grattage des oreilles, du nez, des sourcils, ainsi de suite, les réponses du partenaire nous parvenaient comme par miracle. Grâce à mes soins, des gens incapables de conjuguer un verbe ou ne sachant rien du chemin du Roy ou de la Rébellion des patriotes ont passé leurs cours de français ou d'histoire. Pour ma part, j'ai pu, en étant complètement largué dans chacune de ces matières, obtenir la note de passage en math, en physique, en chimie. Bref, sans cette économie, je n'aurais jamais pu obtenir, comme bien d'autres, mon diplôme d'études secondaires. J'étais prêt pour le cégep. Comme le veut l'expression, j'arrivais en ville.

11

On ne me prend généralement pas au sérieux quand je l'affirme, mais je suis entré au cégep en administration. Si la chose peut paraître, j'en conviens, extravagante, la raison en est finalement assez simple. Au cours de mon secondaire 4, j'ai eu un cours d'économie dont le professeur m'a grandement impressionné. L'année d'après, sommé comme tous les autres perdus d'aller passer une heure dans le bureau de l'orienteur afin de m'inscrire en quelque chose au cégep, ce gars-là, à qui tous nos professeurs nous enjoignaient de faire confiance, je veux dire une confiance aveugle, m'a demandé quel avait été mon cours préféré depuis mon arrivée à la polyvalente. La réponse a fusé : Économie ! Ben, va en administration, d'abord.

Un mois après le début des cours, j'ai bien compris que ça ne marcherait pas. Non seulement tout me faisait chier, mais en plus je m'ennuyais, j'étais largué dans les neuf dixièmes des matières, puis je me demandais vraiment à longueur de journée pourquoi j'étais là. La fille du bureau d'orientation pensait que j'étais un petit peu dérangé : T'es-tu sûr que tu veux quitter l'administration pour aller en lettres ? Ça lui semblait une drôle d'idée, une lubie même, mais comme on est quand même en démocratie, elle a fini par entériner ma demande après s'être assurée je ne sais trop combien de fois qu'il ne s'agissait pas d'un coup de tête.

L'année d'après, pour une raison m'échappant complète-ment aujourd'hui, l'exécutif de notre association étudiante était convaincu dur comme fer qu'il fallait faire la grève. Je n'étais pas, je dois dire, un étudiant trop, trop politisé, et ne trouvais pas non plus beaucoup de charme aux arabesques du code Morin, mais une manière de grégarisme, peut-être pas aussi mou que je serais enclin à le croire, me poussait à trouver l'idée pleine de justesse et de bon sens, en bonne partie pour le plaisir de voir l'ordinaire de nos journées chambardé un petit peu. La question, il faut le comprendre, n'obsédait pas beaucoup de monde, si ma mémoire ne me fait pas défaut. On était loin du printemps 2012. Ça faisait plutôt penser à la fébrilité des veilles de grosses tempêtes de neige ; on se disait qu'avec un peu de chance, on pourrait faire l'école buissonnière à peu de frais.

Je n'ai pas souvenir des circonstances exactes, mais un après-midi, j'ai envie de dire au crépuscule, plus précisément même entre chien et loup, là où dans les contes tout bascule, je me suis retrouvé dans un bout de corridor à discuter avec un gars. Je ne l'avais jamais vu de ma sainte vie, mais la conversation, pourquoi ? comment ? s'est mise à un moment donné à tourner autour des résultats du vote étudiant, qui devait avoir lieu le surlendemain. Chose bizarre, le gars était contre la grève. Pourquoi pas, on trouve des excentriques partout. C'est la raison invoquée qui m'a fait froid dans le dos. Je ne pourrais pas dire en quoi il étudiait – certainement pas en lettres ou en « sciences humaines sans math » –, mais il en était venu à se convaincre que sa première année sur le marché du travail allait lui rapporter à peu près quarante-cinq mille piasses. Je ne sais pas trop si la suite se laisse deviner : sa grosse peur était de voir la grève s'étirer au point où la direction se retrouverait obligée d'annuler la session, ce qui nous forcerait à la reprendre peut-être au printemps, peut-être à l'été. En tous les cas, il serait pris pour rejoindre les rangs de la « vraie vie » avec au minimum six mois de retard, si ce n'était pas une année au complet, si d'aventure ça dégénérait pour de bon. Bref, la grève s'avérait pour lui un pur cauchemar à même de lui ravir au bas mot vingt mille piasses, voire ses premières quarante-cinq mille piasses annuelles au complet.

Donnacona devant son premier trois-mâts n'a pas pu éprouver plus de surprise, plus de vertige que moi en entendant « ça ». Encore aujourd'hui, j'ai en moi le souvenir précis, tangible en fait, de la violence avec laquelle son calcul – je refuserai jusqu'à ma mort d'appeler la chose un raisonnement – m'est apparu inconcevable. Une claque en pleine face, c'est bien simple, ne m'aurait pas plus décontenancé. Je ne pouvais pas imaginer la possibilité même de concevoir une chose pareille.

La stupeur avec laquelle j'ai reçu ces propos-là était en grande partie exacerbée par le fait qu'ils s'écoulaient de la bouche d'un gars de mon âge ; ça ajoutait beaucoup à mon impression de ne pas avoir affaire tant à de l'incongruité qu'à de la perversion, je dois le dire, si ce n'était même à de la morbidité. J'avais le sentiment d'être en face d'un monstre, non pas de l'ordre de Godzilla ou même de Frankenstein, capables d'aspirer au statut de mythe, mais plutôt de la famille de ceux exhibés dans le temps, dans les foires, comme les veaux à deux têtes ou les chèvres à cinq pattes. Il s'en dégageait d'ailleurs la même tristesse, la même pauvreté. Ça provoquait aussi le même mal de cœur. La seule différence notable entre lui et ces pauvres bêtes se trouvait du côté de leur fertilité. Les monstres sont, en effet, habituellement stériles, tout comme les braves mulets. Or, pour sa part, mon compagnon de cuvée, à l'instar de l'herbe à poux et des coquerelles, a su essaimer comme un fou, à tout vent. Je ne pense d'ailleurs pas avoir rencontré quelqu'un d'aussi séminal au cours de ma vie.

En vérité, quand j'y repense, c'était vraisemblablement un prophète, une manière d'avant-poste, d'avant-garde plutôt, à entendre ici strictement au sens militaire, dont les préceptes allaient peu à peu conquérir puis occuper non seulement l'ensemble de l'espace public, mais aussi une bonne partie de nos jardins privés. Je n'ai pas retenu, si jamais je l'ai su, son nom. J'ai également oublié les traits de son visage et le timbre de sa voix. Par contre, presque partout aujourd'hui je le reconnais. J'étais encore trop niaiseux dans ce temps-là pour le savoir, mais il allait devenir, en quelque sorte à lui tout seul, tous mes contemporains.

LE PAUVRE ET LE DÉSERTEUR

Cinquième confession

1

L'histoire ne se répète pas, dit-on, elle bégaie. C'est comme ça que le propriétaire à la barbe blanche rencontré par miracle au moment de ma débâcle finale aux mains de Quelque Chose inc. s'est mis à vouloir se débarrasser de l'ensemble de ses blocs appartements. Il en avait toute une trâlée, entre autres dans Hochelaga-Maisonneuve, Parc-Extension, le Vieux-Longueuil, je ne sais pas trop où à Laval, puis finalement aussi à l'extrême nord-est du quartier le plus prisé de Montréal, là où je lui louais un trois et demie. Parthenais, pour donner une idée, lui appartenait quasiment au complet entre Masson et Laurier. Les pancartes *À vendre* en face de ses propriétés avaient beau l'air d'apparaître puis de disparaître de façon apparemment aléatoire, mon tour finirait bien par arriver. Si le ciel était pour le moment au beau fixe, les nuages noirs ne s'accumulaient pas moins au-delà de l'horizon. La question était de savoir s'il en résulterait un orage, une averse, une tempête ou seulement beaucoup de vent. Cela dit, les montants demandés pour tous les autres immeubles ne laissaient présager rien de bon quant aux besoins pressants des éventuels acquéreurs de rentrer dans leurs frais. L'espace entre les lois du marché et la main invisible, j'en avais peur, ne me laisserait pas beaucoup de jeu une fois aux prises avec un nouveau proprio.

Encore une fois, de locataire je passais à tête de bétail. Je n'aurais pas dû m'en étonner. Je ne sais pas trop comment ça peut se passer pour les autres, je veux dire les riches, les ultrariches, la classe moyenne, les robineux, mais la pauvreté, il me faut bien dire le mot à un moment donné, est essentiellement constituée d'éternels retours du même. Le riz, les pâtes, les cannes de thon, les omelettes avec juste des œufs, un peu de sel, un peu de poivre, en sont de parfaits exemples.

Pour me donner un peu de tenue, je m'imaginais dans la peau d'un Français ou encore d'un Allemand né aux alentours de 1897. J'étais, mettons, quelque part en 1938, ou peut-être encore juste au début de 1939. Je m'étais déjà tapé une guerre, je n'avais pas envie de m'en farcir une autre. L'idée était de pouvoir me dire avec un certain sens du tragique : saint-ciboire, pas encore ! Dans les faits, par contre, c'était malheureusement plus prosaïque. Ça ressemblait davantage à rouler sur un bicycle avec des chambres à air qu'on a déjà trop rapiécées. Le moindre soubresaut, c'est triste, en fait habituellement péter une des deux.

Je ne sais plus comment, mais je me suis mis à ce moment-là à comprendre un peu mieux l'obsession de la plupart de mes contemporains pour le droit à la propriété, et même la raison pour laquelle on pouvait la considérer comme l'un des grands héritages des Lumières, si ce n'est, avec la pénicilline, une des avancées les plus extraordinaires de l'humanité. Devenir propriétaire a beau nous jeter dans les rets tortueux d'une hypothèque, le piège nous arrache quand même aux aléas de la location ou, plus précisément, aux caprices, aux humeurs, aux manies de ceux et celles ayant les moyens de s'en prévaloir, du droit à la propriété. Comme les lubies du propriétaire à la barbe blanche étaient plutôt bénignes, en être le jouet n'avait pas de conséquences bien précises sur ma vie. De quoi seraient faites celles du prochain, je ne pouvais bien sûr pas le savoir, et l'incertitude me rendait fou. Une part de moi, bêtement, ou plutôt de façon complètement infantile, rêvassait d'aller trouver le propriétaire à la barbe blanche pour le convaincre de tout vendre, sauf ce bloc-là. Les soirs d'ivresse plus solide, je fantasmais même de lui demander de me le vendre à un prix défiant toute concurrence, et plus la soirée avançait, plus je le priais de carrément me le donner.

Je n'étais heureusement pas assez fou pour mettre le projet à exécution. Les possibilités d'arriver à mes fins, je le savais bien, étaient aussi nulles que celles de mon Allemand de bloquer l'arrivée de la Seconde Guerre mondiale.

2

Payer au début de chaque mois pour avoir un toit au-dessus de la tête a beau s'apparenter à une transaction commerciale, le locataire n'est pas pour autant un client. Le client, on le sait, est roi. Le locataire, de son côté, est plus près du sujet. C'est la raison pour laquelle il a fini par prendre l'habitude de dire « mon propriétaire ». Une façon comme une autre de faire entendre sa sujétion. Celle-ci se reflète d'ailleurs dans l'échelle sociale, où le propriétaire domine bien souvent ceux à qui il les loue, ses logements. Ça peut, par moments, teinter leur partenariat. À moins que celui-ci soit déjà vicié par autre chose. Il est toujours délicat, j'en conviens, de parler d'essence ou de nature, mais celle du locataire pourrait être associée à celle du meuble qui, de par sa structure, peut être déplacé n'importe quand, à peu près comme on veut. Le propriétaire, du coup, même si c'est trop facile, évoque plutôt l'immeuble impossible à bouger. On imagine tout de suite l'antagonisme. Si ça se trouve, ce qui nous reste de la haine et du mépris dont s'accablaient mutuellement sédentaires et nomades aux débuts de l'humanité vivote encore, par atavisme, à travers ces deux-là.

Ça expliquerait pourquoi, depuis mon arrivée à Montréal, je ne me suis jamais trop installé. Chacun de mes logements a plutôt été une halte. Je suis comme ça passé de Coloniale à la hauteur de Fairmount à Garnier à la hauteur de Beaubien, à Bordeaux à la hauteur de Sherbrooke, à Mentana à la hauteur de Roy, à Parthenais à la hauteur de Masson, à la rue du Renard près de la rue de la Verrerie, à la rue de Charenton près de la gare de Lyon, à la rue Boutroux tout près de l'avenue Claude-Régaud – évidemment, ces trois-là, c'est quand j'étais à Paris –, à Sheppard à la hauteur de Rouen, à un véritable trou noir à la hauteur de rien pantoute, à Gilford à la hauteur de Christophe-Colomb, à Parthenais, encore, mais cette fois à la hauteur de Saint-Joseph. Si j'étais assez fou pour prendre une carte de la ville et tracer une ligne qui relierait toutes mes anciennes adresses, ça ne formerait même pas un itinéraire. Ni une figure, à peine sans doute une forme. En faisant un effort, ou en y mettant juste un peu de mauvaise foi, on pourrait toujours y deviner une cigale, mais certainement pas une fourmi.

Pas un de ces appartements-là ne conserve la moindre trace de mon passage entre leurs murs. C'est comme si j'y avais vécu à la manière de l'eau sur le dos d'un canard. L'inverse d'ailleurs est aussi vrai. Aucun d'entre eux ne m'a marqué, à part un, ce qui me fait quand même un drôle d'effet dans la mesure où chacune des librairies où j'ai travaillé a su laisser, j'oserais dire dans mon être, si ce n'est dans mon âme, au moins un petit peu de sédiments. Mes appartements, de leur côté, n'ont pas été capables de susciter en moi le moindre sentiment d'appartenance. C'est sans doute dû à un vice de forme de ma part. Ou c'est précisément à cause de l'esprit de la location. Même lorsque j'ai pu y passer sept ou huit ans, mes trois et demie ont toujours gardé pour moi quelque chose d'allogène. Ça n'atteignait peut-être pas le sentiment d'étrangeté des chambres d'hôtel, mais ce n'était pas non plus, jamais, la chaleur du foyer. Même en payant à peu près comme il faut, c'est-à-dire en m'y trouvant de façon légitime, j'avais l'impression d'être là à la manière d'un clandestin. C'est encore le cas aujourd'hui.

Peut-être faut-il y voir mon refus, et même mon incapacité, à m'inscrire dans un monde avec lequel je n'ai pas tellement d'atomes crochus.

3

Ce qui devait arriver arriva. Un après-midi de la fin mars, ça a cogné à ma porte. C'était Luc Levasseur, mon tout nouveau propriétaire, qui ne venait ni se présenter ni me saluer. Le but de sa visite était simplement de m'annoncer, je préciserais de façon abrupte, une augmentation de vingt-cinq piasses. Comme Quelque Chose inc. m'avait un petit peu aguerri, gloire lui soit d'ailleurs rendue à ce sujet, j'ai pu sans trop d'efforts baragouiner à quel point je trouvais le montant excessif. Vingt, d'abord. Comme là aussi ça me semblait délirant, le reste de nos échanges a dégénéré assez vite. Ça a commencé par une litanie sur le thème séculaire de la misère des riches. En gros, le propriétaire à la barbe blanche était redoutable en affaires. À la toute dernière minute, il avait augmenté son prix de quinze mille piasses. La Ville, de son côté, était une espèce de régime totalitaire, sa taxe de Bienvenue se révélait de l'ordre de la pure écœuranterie, sans parler des délires administratifs, une vraie plaie. Le but était peu ou prou de m'attendrir, peut-être même de susciter en moi un élan de compassion suffisant pour me forcer à accepter sa proposition. Jean-Claude Gingras avait fait pareil avant lui, c'était à croire qu'ils avaient suivi le même séminaire. Le débit de Levasseur, sur le bord de ressembler à celui d'une mitraillette, ne me laissait pas beaucoup de chances de le contredire ou de lui faire entendre combien le sort de son argent ne m'intéressait pas. Je ne sais plus trop ce que j'ai pu dire, mais il a pris la balle au bond. Tout à coup, j'étais pratiquement un de ses associés potentiels. Il avait des gros projets : peinturer la cage d'escalier, refaire le balcon, poser aussi de nouvelles fenêtres, bref, redonner au logement, à l'immeuble au complet finalement, une toute nouvelle jeunesse. C'était pour ça, l'augmentation. Il me demandait au fond de faire un effort pour, et je cite, nous *starter*.

Mon peu d'enthousiasme pour son programme a fait monter la tension d'un bon cran. Il percevait mon attitude comme un refus pur et simple d'améliorer mon sort. Ça le rendait fou. Soudainement, ma vaisselle pas faite, mais surtout un des carreaux de ma porte de cuisine rabiboché n'importe comment avec un sac de plastique de chez Metro l'ont fait sortir de ses gonds. (Lui) J'ai jamais eu de bloc oùsqu'y avait des bébites, pis c'est pas icitte que ça va commencer. (Moi) S'il y en avait, je pense que je serais au courant. (Lui) Continue de même, pis y va n'avoir, *truste*-moé ! Il me disait ça d'expérience, ça paraissait.

Quelque chose dans son ton avait changé. On n'était plus dans la rhétorique ni dans le boniment ; il me parlait. La colère, à tout le moins, l'avait amené à ça. Sans tout à fait aller jusqu'à la confidence, ses périphrases me faisaient bien entendre combien l'état des lieux lui rappelait des souvenirs. L'emphase avec laquelle il me répétait comment le quartier avait changé depuis le début des années soixante-dix ne laissait pas de doutes : ma façon de m'accommoder du côté tout croche du logement lui ramenait en pleine face son enfance. Plus je tentais de m'expliquer, de me défendre, d'exposer mon point de vue, plus je lui rappelais qu'il avait déjà été un tout-nu. Ça l'enrageait. En voyant les bouteilles vides à côté de mon évier, il m'a lâché que si j'avais de l'argent pour de la bière, j'en avais, c'est certain, pour son augmentation. Sinon, arrête de boire !

La Pologne venait de se faire rentrer dedans. Plus rien ne pouvait faire dérailler le massacre.

4

Si Jean-Claude Gingras pouvait toujours se comparer au professeur Moriarty, le Napoléon du crime, comme aimait le surnommer Sherlock Holmes, Luc Levasseur était plus proche du bandit anonyme de grand chemin, ou même juste de coin de rue. Je ne veux pas dire par là que c'était un amateur, seulement, il était loin d'avoir la superbe du professionnel sûr et certain de ses moyens. Si la condescendance de Gingras à mon égard coulait de source, s'il lui semblait dans l'ordre des choses de me considérer comme une espèce de moins que rien, celle de Levasseur était hargneuse, revancharde même. Mépriser les plus faibles, c'était pour lui un droit conquis de haute lutte. Le plus faible, avant, c'était lui. Rien qu'à le voir, et ça se concrétisait dès qu'il ouvrait la bouche, on sentait non pas le nouveau riche, mais l'ancien pauvre, le *bum*, la petite crosse, la *gimmick* patentée un peu n'importe comment, mais qui, finalement, tient quand même. On était loin des vastes chantiers de Quelque Chose inc. où l'on transformait de façon aussi légale qu'immorale les taudis en condos.

Sa passe, à Levasseur, c'était la maison de chambres illégale. Le *modus operandi* était classique. Il s'emparait d'un bloc appartement, en augmentait le plus possible les loyers pour encourager le monde à sacrer son camp, puis après ça, il écœurait à la petite semaine ceux qui étaient restés. Quand un logement se vidait, il le rénovait, le rafistolait plutôt, puis meublait ça avec du Ikea. Ça lui permettait de louer les chambres à des touristes ou bien encore à des étudiants français pour qui cinq cents piasses le mois avec accès à une cuisine et à un salon communs s'avère une véritable aubaine. Pour un cinq et demie ordinaire par exemple, l'opération lui rapportait mille cinq cents piasses par mois. Il devait être fier de lui.

Si les révélations du gars d'en bas qui m'avait expliqué la patente étaient justes, une enquête scrupuleuse aurait sans doute permis de mettre Levasseur dans le trouble. L'idée, faut le dire, était séduisante en maudit. En se retrouvant pris à se défendre devant la justice, mon nouveau proprio aurait, au moins pendant ce temps-là, les mains trop pleines pour nous écœurer comme du monde. Malheureusement, ce bloc-là, au contraire de celui de la rue Gilford, n'arrivait pas à générer un sens de la communauté. Bonjour, bonsoir, c'était en général le maximum à espérer des voisins. En plus, comme j'avais fini par l'apprendre à force de les achaler, tous avaient consenti sans rien dire aux augmentations. La gang du sept et demie au deuxième en avait même accepté une de quarante piasses. Forger avec ça un bataillon ayant envie de répliquer à Levasseur sur tous les fronts n'était pas évident. De mon côté, je l'avoue, l'idée de me battre seul me désespérait. Sans me sentir conciliant comme Pétain, je savais que le « *we will never surrender* » de Churchill était au-dessus de mes forces.

5

« Perdre une chose est une autre façon de la posséder. » Je cite la
phrase de mémoire, sans trop savoir à qui l'attribuer. Beckett,
peut-être, je ne suis pas sûr. L'affirmation, toutefois, me séduit
beaucoup. En bonne partie à cause de l'impossibilité de nos
structures économiques à seulement concevoir une idée de ce
genre-là. Tout le monde pourtant, au moins une fois au cours
de sa vie, a pu faire l'expérience d'une perte se révélant finalement un vrai gain. Il m'arrive, c'est pour dire, de rêver au jour
où l'organisation politique et sociale du monde sera en pleine
mesure d'en rendre compte.

En attendant, si je ne me suis toujours pas prévalu à mon âge
de mon droit à la propriété, c'est dû pour beaucoup, comme je
l'ai expliqué, à ma difficulté à monnayer mes aptitudes pour
la peine. Il faut aussi ajouter à ce malheur-là mon manque d'enthousiasme pour les jobs un peu plus payantes, certes, mais ne
m'intéressant pas. Il y a quand même des limites à la capacité de
compensation de l'argent. Cela dit, je ne suis pas trop certain,
advenant le cas où les bidous se mettraient à me tomber dessus,
de voir apparaître en moi un désir de maison, de duplex ou
encore de condo. La raison, je m'empresse de le dire, n'est ni
politique ni morale. Elle est à la limite niaiseuse ou plutôt névro-
tique. La possession d'un lieu est en effet pour moi intimement
associée à la notion de patrimoine familial. En gros, même si je
suis incapable de me le dire aussi brutalement, une maison me
semble impensable sans une famille pour la peupler. Autrement,

à quoi bon ? Or, c'est là où ça se complique, la cellule familiale dans laquelle j'ai grandi, sans avoir été particulièrement monstrueuse, a été incapable de faire naître en moi l'envie d'en constituer une. Ma famille, finalement, m'aura surtout légué dans ce domaine une sainte horreur de la famille. La seule idée du spectacle de mes tares donnant forme, au fil du temps, à des enfants qui partagent, en plus de ça, des traits de mon visage comme de mon corps me rend malade. Si les choses continuent comme ça, mon seul foyer aura été la maison où j'ai passé comme je l'ai pu mon enfance. Je me console en me disant que j'ai l'excuse de ne pas l'avoir choisi.

6

Levasseur est revenu me voir comme ça trois, quatre, cinq fois, à l'improviste comme de raison, ratourant à chacune de ses visites de la même manière, suave d'abord, puis belliqueux à partir du moment où il comprenait que roucouler ne lui donnait pas grand-chose. On aurait dit Pantalon.

Pour compléter le portrait et vous donner ici une idée précise de l'homme, je me dois de vous imposer un détour par le début de ma vingtaine. Je travaillais dans ce temps-là dans une librairie sur Sainte-Catherine pas trop loin de Sanguinet, fermée depuis longtemps, en bonne partie à cause du vol à l'étalage atteignant là des proportions j'oserais dire homériques. Je me demande des fois si les *junkies*, les déclassés, les *pimps* et les prostituées habitant ou enfin œuvrant dans le quartier, et qui venaient faire leur tour pour en ressortir avec des livres impayés, ne percevaient pas comme une insulte ou un outrage la présence de cet endroit-là. Le commerce, il faut le dire, se voulait chic et de bon goût, et dans une certaine mesure il l'était, sur deux étages en plus. Le pari du patron en s'installant dans le coin avait été de miser sur l'étalement du campus de l'UQAM, de façon à ce qu'une fois cette place à pouilleux là *gentrifiée*, son commerce, lui, y serait déjà implanté, dans un maudit bon *spot* en plus.

Le matin, entre le métro et la librairie, je croisais toujours les mêmes sept ou huit robineux qui me demandaient, ou non, ça dépendait : As-tu du change ? Assez vite, disons au bout de trois semaines, sans devenir des intimes, on s'est mis à se reconnaître, peut-être pas tout à fait comme des voisins, mais quelque chose s'en approchant. À partir de là, ne pas tous les gratifier d'un sourire ou encore d'un bonjour m'est devenu un peu odieux, ou enfin certainement malpoli. Dès le premier jour, cependant, les salués se sont mis à percevoir mon signe de tête ou mon bonjour comme une invitation à un peu plus. Un peu plus de quoi, je ne saurais le dire, mais pas de contact ou de chaleur humaine en tout cas. J'avais en effet l'impression d'être pour eux autres une abstraction, ou un signal déclenchant le réflexe de raconter toute une série de malheurs alambiqués allant du chèque en retard à l'ostie de belle-sœur pas d'allure qui ne veut pas me rembourser. On me faisait aussi de temps en temps des révélations politiques – le gouvernement met du gaz dans les oranges – ou encore on me quémandait un montant d'argent précis – 9,42 $, 1,157 $, 5,88 $ – de manière à pouvoir acquérir, en bonne et due forme, un billet d'autobus pour Granby ou une prescription de Dieu sait quoi.

Il y avait des matins par contre où, pour tout un paquet de raisons – lendemain de veille, mauvaise nuit, angoisse, drame plus ou moins sentimental, ainsi de suite –, je n'avais pas envie de *dealer* avec eux autres. Dans ce temps-là, je les laissais errer aux confins de ma vision périphérique. Les rétrograder de la sorte au rang d'objets ou de simples éléments du décor n'était pourtant pas une décision. Ça se rapprochait du réflexe, c'était comme la crispation devant le danger. Celui-ci, pourtant, ne venait pas d'eux. Il venait de moi. J'avais peur en effet de ce qui pourrait m'arriver si, ce jour-là, je faisais l'effort d'embrasser leur humanité.

Levasseur me regardait comme ça.

7

Les chances de nous voir tous les deux former une équipe harmonieuse me semblaient assez minces. Je ne saurais affirmer qui de lui ou de moi était l'huile ou le vinaigre, mais si d'aventure une force extérieure s'était mise à nous brasser de façon constante dans une bouteille, peu importe la violence, une fois l'agitation redescendue au point mort, la frontière entre nous aurait retrouvé sa netteté assez vite. Discuter avec lui me rappelait « Q who », l'épisode de *Star Trek : The Next Generation* où apparaissent les Borgs, qu'on pourrait toujours qualifier de méchants ultimes. Au contraire des autres affreux de l'univers, les Borgs ne possèdent pas de culture, je veux dire au sens autant anthropologique qu'intellectuel. D'habitude, en effet, les ennemis dans *Star Trek* le sont principalement pour des raisons à la fois d'ordre politique et d'ordre culturel. C'est pourquoi ils peuvent toujours passer d'adversaires à complices, les Klingons, n'importe quel *trekkie* vous le dira, en sont le parfait exemple.

Les Borgs, par contre, ne sont juste pas parlables. Chaque fois qu'ils tombent sur quelqu'un, c'est toujours le même et unique « *We are the Borgs. You will be assimilated. Resistance is futile* » qui leur sort de la bouche, c'est-à-dire : « On est les Borgs. On va vous assimiler. » Résister ne sert à rien. Moitié humanoïde, moitié machine, chacun d'eux n'est pas tant un individu qu'une fonction, à la manière des insectes vivant en colonie, les abeilles ou encore les fourmis. Absorber les êtres et les technologies de façon mécanique, c'est-à-dire sans passion ni parti pris, est leur seule raison de vivre. Q, le méchant omnipotent qui a entraîné le vaillant vaisseau *Enterprise* jusqu'à eux (je n'entrerai pas dans les détails, ça nous éloignerait du sujet), dit d'ailleurs à un moment donné au capitaine Jean-Luc Picard, qui tente de dialoguer, comme toujours : « *You're nothing but raw material to them.* » Vous êtes juste de la matière première pour eux autres, lui laissant au fond entendre : *Man,* si tu penses que cette affaire-là peut se régler par la diplomatie, tu te fourres le doigt dans l'œil jusqu'à l'omoplate.

8

À la quatrième visite, en nous voyant encore foncer dans un cul-de-sac, je lui ai proposé de se fier aux calculs de la Régie du logement. La gaffe. Il est devenu rouge. Tu veux jouer à ça? Tu veux jouer à ça? Il s'est mis à évoquer, à éructer plutôt – sa prononciation n'arrivait pas à suivre tellement il était en maudit – une série de menaces plus ou moins juridiques, à la limite du farfelu, dont l'envoi par courrier recommandé me serait facturé, en plus de ça. L'agressivité avec laquelle il me gueulait après était, je n'ai pas d'autres mots, désarmante. À la limite, je ne savais même pas quoi en penser. La violence me parvient d'habitude, il faut dire, à travers une série de médiations. C'est celle de la déliquescence des programmes sociaux, celle des « clauses orphelin » de certaines conventions collectives ou du rabougrissement de l'ONF et de Radio-Canada. Pour le dire d'une autre façon, elle est toujours plus ou moins systématisée, institutionnalisée même. Là, c'était le contraire. Il n'y avait pas de détour, pas de raffinement, pas de filtre, rien. Ça m'arrivait directement, d'un homme à l'autre, et l'autre, c'était moi. On était, j'en conviens, loin du coup de poing, de matraque ou de couteau. Et bien évidemment aussi, du tir de roquettes ou de la présence de chars d'assaut. Ça n'en faisait pas moins son petit effet.

9

J'avais finalement le choix entre fermer ma gueule, en fait l'ouvrir pour dire oui, je le veux, et entreprendre une bataille juridique en tout point semblable à celle m'ayant opposé à Gingras.
Déménager, c'est-à-dire fuir, semblait dans ces conditions-là
l'option la moins pénible. C'est aussi l'avantage de ne pas avoir
beaucoup d'affaires. Paqueter ses boîtes ne demande pas trop
d'efforts. La queue quand même un petit peu entre les jambes,
j'ai annoncé à Levasseur mon intention de ne pas renouveler
mon bail. La décision m'a tout de suite soulagé. Je n'avais pas,
comme je l'ai dit, envie de me battre, et je n'avais surtout pas
envie de me battre pour ce logement-là. Dans la mesure où son
plus grand avantage était d'appartenir au propriétaire à la barbe
blanche, une fois celui-ci disparu, l'endroit était devenu d'une
insignifiance remarquable. Les planchers de bois franc à peu
près corrects, le blanc des murs bien propre, je veux dire reconnaissable en tant que tel, ou encore le charme du bain à pattes
ne faisaient plus le poids. Quand je pensais en plus à l'obscénité
de son loyer, je devenais pratiquement nostalgique de l'immonde prélart du précédent et du jaunâtre douteux de ses murs.
Ça ne valait rien, ça ne coûtait rien, c'était le bon temps. L'augmentation de Levasseur, c'est pour dire, m'amenait même à
m'ennuyer du design des moisissures le long des pentures de la
porte d'en avant. Je l'avais aimé, ce logement-là. Et malgré son
aspect à la limite du répugnant, j'éprouvais pour lui du respect,
comme on le fait pour ses compagnons d'infortune.

De tous les logements où j'ai pu habiter, et j'en ai habité beaucoup – s'il y a des hommes à femmes, j'en suis un à logements – celui de la rue Gilford m'était, on commence à le comprendre, particulièrement cher. Sans doute parce qu'au contraire des autres, je n'y avais pas emménagé, mais échoué, au terme, en plus, d'une dérive de neuf mois où j'étais allé de divan en divan, du salon d'un tel à un autre. La longueur des séjours variait au gré des occasions, quatre jours, dix jours, trois semaines, deux mois, au point où la notion même de « chez-moi » m'était devenue arbitraire, si ce n'est étrangère. Bizarrement, c'était reposant. Ce n'est pourtant pas une sensation de liberté, comme on pourrait peut-être le croire. Au contraire. C'était plus près d'une sorte d'ivresse, mais n'ayant rien à voir avec l'euphorie, je tiens à le souligner. Ça ressemblait à ce qu'on peut, j'imagine, ressentir en apesanteur ; une certaine gravité n'était plus dans le portrait. Je n'avais plus de point focal, plus de nord ni de sud. C'était très étrange. Il y avait seulement des endroits publics, mais des endroits publics dans lesquels il y avait toujours moyen de trouver un petit peu de privé.

Quand mes capacités financières, mais aussi, et peut-être surtout, mentales, d'acquitter un loyer me sont revenues, l'appartement de la rue Gilford, dès la première visite, m'a donné l'impression qu'il était un rivage, un havre, si ce n'est un asile. Le handicap de celui de la rue Parthenais avait toujours été, au fond, de n'être aucune de ces choses-là. Et d'être un rappel constant de ce que j'avais perdu dans ma demi-défaite aux mains de Quelque Chose inc. Le quitter par capitulation n'était pas, au fond, la pire façon de m'en débarrasser.

LE CHAMEAU ET LE CHAS

Sixième confession

1

J'ai eu le plaisir de faire, pendant trois ou quatre ans, le scribe surnuméraire pour le secrétariat général de mon *alma mater*. Sur une base irrégulière et selon les besoins, je me rendais à toutes sortes de réunions – pour donner une idée, ça tournait d'habitude autour de la nomination d'un doyen ou d'un partenariat avec le secteur privé, ou bien encore de cas de plagiat, mes préférés ; les pleurs et les grincements de dents des étudiants accusés prodiguaient à ces séances-là une vie dont les autres étaient, il faut bien le dire, dépourvues. Il s'agissait donc, comme on s'en doute, de noter le bla-bla de l'ensemble des participants, puis de m'en retourner chez nous les transformer en un procès-verbal à peu près digne de ce nom. Il y avait quelque chose de pervers, si ce n'est même d'immoral, à me retrouver comme ça, longtemps après, rémunéré pour faire partie des innombrables pistons faisant rouler une machine dans laquelle je m'étais ennuyé à mourir. Une bonne partie du charme de l'affaire, je l'avoue, logeait là.

Pour une obscure raison, McDuff, mon boss, était satisfait de mon travail. Un peu plus, même. Ça me faisait capoter. Quand il m'a fait pour la première fois un long éloge pour un PV pissé n'importe comment, je me suis demandé s'il n'était pas juste en train de me niaiser. Finalement, non. J'ai eu beaucoup de difficulté après ça à le prendre au sérieux. Le défi est vite devenu de voir jusqu'où je pouvais botcher sans l'amener à me réprimander sur la qualité de mon ouvrage. Évaluer ce genre de chose reste toujours délicat, mais il me semble être allé trop loin à au moins quatre ou cinq reprises sans aucune conséquence. On peut s'imaginer mon désarroi quand il m'a offert un poste à temps plein.

2

Pour quatre-vingt mille piasses par année, je devais non seulement prendre des notes et me taper les PV, mais aussi m'occuper
de l'organisation tout entière des comités. Ça voulait dire courailler après le monde ou en tout cas leur secrétaire, préparer
des paquets de documents, m'assurer de la disponibilité des
salles, ce genre d'affaires là, plus d'autres encore du même ton-
neau. Un pacte faustien. Pour l'essentiel de mon entourage, la
question était entendue : T'es vraiment un ostie de malade si tu
refuses cette job-là. Quatre-vingt mille piasses par année,
penses-y! J'avais beau y penser, un salaire représentant quatre
fois la somme avec laquelle je vis peu ou prou depuis le début
de ma vie adulte me demeurait une pure abstraction. Mon pouvoir d'achat, je le comprenais, se retrouverait multiplié d'autant
et, dès lors, apte à me doter d'un statut social normalisé, mais je
ne voyais pas trop pourquoi c'était une raison de succomber.
Ne pas y succomber, en même temps, ne relevait pas de l'évi-
dence. L'idée de ne plus être toujours à la cenne près avait un
certain charme. McDuff, déçu de ne pas me voir accepter tout
de go, m'avait donné pour y penser toute une semaine, pendant
laquelle j'ai mal dormi et peu mangé, beaucoup fumé et beaucoup bu. Quand je finissais par me dire oui, ça n'allait pas et puis
après, je me disais non. Ça n'allait pas non plus. Je recommen-
çais. Plus le temps avançait, moins j'arrivais à rêvasser aux
quatre-vingt mille par année, aux douceurs, aux bébelles, au
luxe, aux repas dans de bons restaurants, en veux-tu en voilà,

découlant d'une vraie job avec un vrai salaire. J'étais plutôt taraudé par la peur de perdre quelque chose d'assez difficile à nommer, à quantifier aussi, dont la disparition, me semblait-il, dans un effet domino impossible à modérer, entraînerait une série de pertes supplémentaires peut-être pas à l'infini, mais presque, au point où j'en arriverais un jour à ne plus pouvoir qualifier de miens autre chose que mes quatre-vingt mille piasses par année. En même temps, je pensais à mes vieux jours dans un CHSLD plus ou moins sordide. Une fin d'après-midi où j'étais déjà soûl, j'ai téléphoné de guerre lasse à McDuff. En pompant sur ma Du Maurier comme si j'allais me noyer, je lui ai dit : C'est correct. J'ai dit oui.

3

Mon bureau devait faire à peu près l'équivalent de deux chambres de bonne parisiennes. Son plancher de terrazzo me rappelait celui des corridors de mon école primaire, on aurait dit en se forçant un peu un tableau d'Edward Hopper sans le charme mélancolique, sans la lumière aussi. La fenêtre donnait sur un mur de briques rouges. Le gros de l'éclairage venait des néons du plafond. Les meubles étaient en mélamine, sauf l'étagère, en métal, genre fer-blanc. Leurs couleurs étaient poches, comme vidées de leur substance. La seule touche agréable était le calorifère à eau chaude qui devait dater du début du XXe siècle, soit d'une époque où construire *cheap* pour pouvoir revendre à répétition le même modèle de cochonnerie au même acheteur n'effleurait pas encore l'esprit de la plupart des entrepreneurs. Quand McDuff m'a dit : Bon, c'est ici, j'ai eu l'impression de me faire montrer une cellule ou de moine ou de prisonnier. Dans les deux cas, je me trouvais soustrait au monde, peut-être même à la vie. Ça avait beau tenir dans un mouchoir de poche, même en buvant comme un trou, je n'aurais jamais été capable de produire assez de pisse pour en marquer les coins au point d'en faire mon territoire.

Une fois tout seul, j'ai eu la sensation de me dissoudre. Pour me donner un peu de contenance, je me suis plongé dans la pile de dossiers en cours laissée par le gars ou la fille d'avant. C'était plate. Je me suis mis à regarder la lampe, l'ordi, le classeur, le téléphone, l'étagère, c'était comme si j'étais à leur disposition, non pas eux autres à la mienne. On m'avait engagé, dans le fond, pour devenir leur appendice. Quatre-vingt mille piasses par année étaient-elles en mesure de compenser la métamorphose ? Je n'en étais plus certain.

L'aventure a duré un mois. Le souvenir, en plus, m'en est extrêmement flou, comme le sont ceux des rêves ou peut-être, dans ce cas-ci, des cauchemars. La comparaison n'est pas une image. Pendant tout le temps où je me suis trouvé là, mon inconscient, je ne vois pas d'autre explication, a pris le dessus sur le reste. J'étais une manière de fantôme, mais également un être hanté, possédé, dépossédé, incapable de me maîtriser, un somnambule. Même en faisant un effort soutenu, je n'arrive pas à tisser un fil cohérent de la trentaine de jours où j'ai fait quatre-vingt mille piasses par année. Encore aujourd'hui, ils me restent une énigme. Je me revois manger tout seul dans la cuisine des employés. Manger avec d'autres employés dans la cuisine des employés. Manger tout seul dans mon bureau. Écouter ma boîte vocale toujours pleine d'invectives et de commentaires désobligeants de la part de secrétaires de vice-doyens peu rompues à ne pas se faire rappeler dans les plus brefs délais. Ne pas me rendre au bureau, surtout le matin, en prétextant travailler plus efficacement de chez moi. Faire la file à la cafétéria, à l'imprimante, à la photocopieuse, aux toilettes de l'étage aussi, une fois. Chercher la clé de mon bureau pour finalement comprendre qu'elle était bel et bien perdue. En être assez honteux pour ne pas en demander une autre à McDuff. Tourner en rond. Procrastiner. Avoir une voisine de bureau gentille comme tout utilisant une dactylo électrique au lieu d'un ordinateur. Démissionner un soir comme si ma vie en dépendait. Me sentir enfin léger.
Je ne crois pas avoir été plus affligeant, mésadapté, moins fonctionnel, plus égaré qu'au cours de ces vingt-cinq, trente

jours-là. Une vraie misère. J'ai beau faire le faraud de temps en temps, il reste quand même difficile de ne pas se sentir coupable devant sa propre incapacité à fonctionner dans le monde. Pourtant, quand j'y repense, j'ai le sincère sentiment de l'avoir échappé belle. Je m'imagine par bouts en Steve McQueen sur sa moto à la fin de *La Grande Évasion*. Je ne pourrais cependant pas jurer avoir, comme lui, recouvré une pleine liberté. Chose certaine, j'ai sans doute *scrapé* là mon ultime chance d'appartenir à la classe moyenne. C'est peut-être une victoire, en effet.

4

Être cassé, contrairement à l'idée reçue, ne se résume pas à être doté d'un pouvoir d'achat flacotant. Ça consiste également à ne pas pouvoir imposer le respect. Levasseur, par exemple, n'aurait pas eu le réflexe de m'insulter si j'avais possédé une baraque d'un million au lieu d'être locataire de son trois et demie biscornu. C'est comme si l'absence de sous choquait, je veux dire à la manière des vêtements. On reproche dans le fond aux pauvres d'être indécents. C'est peut-être pourquoi on les accuse non seulement de ne pas participer à la marche du monde, mais, en plus, de le tirer vers le bas.

Ce dédain-là ne s'exprime pourtant pas toujours de façon cavalière. Le nombre de fois où quelqu'un du service de la facturation chez Bell ou un agent de recouvrement de Revenu Québec m'a méprisé sur un ton affable et doucereux, voire empressé, m'étonne moi-même. J'ignore pourquoi, mais je ne m'y habitue pas. Peut-être est-ce dû au fait qu'on ne discute pas avec un homme ou une femme, mais avec une fonction. La bataille pour demeurer soi-même quelqu'un et non quelque chose dans ces conditions-là est souvent bien loin d'être gagnée.

Je me souviens entre autres d'un conseiller financier de la caisse pop m'expliquant benoîtement son impossibilité à me venir en aide. J'avais besoin d'une marge de deux cents piasses pour mon compte chèque, ou en tout cas d'une façon de faire en sorte que mon chèque de loyer passe même si mon proprio l'encaissait avant l'arrivée de ma paye, une misère de quatre cent vingt piasses échouant dans mon compte aux deux semaines. Si ce genre de tours de passe-passe était effectivement possible, la marge la plus petite offerte par la caisse s'élevait, me disait-il, à deux mille, dix fois plus. J'avais beau insister, répéter : Oui, mais moi, j'ai seulement besoin de deux cents piasses, au pire pour une semaine, la réponse restait non. C'était deux mille ou rien. Or, on le savait tous les deux, mes chances de me qualifier pour une marge de deux mille tomates n'existaient pas. Il a quand même vérifié pour la forme, puis m'a dit de revenir quand j'aurais plus d'argent. À ce moment-là, et avec grand plaisir, il pourrait certainement m'aider. Je revois encore son sourire, une espèce de petite fente tentant de me dire : Je ne suis pas dupe de l'absurdité de la chose. Peut-être même : Qu'est-ce que tu veux, ce n'est pas moi qui m'en sacre, c'est la caisse.

Ce n'était bien sûr pas une question de vie ou de mort, une affaire effrayante comme de se faire couper le gaz ou l'électricité au mois de janvier. Je voulais juste un peu d'huile pour passer le seuil du mois sans trop de grincements. Pas de quoi en faire un drame. J'étais quand même en maudit. Mon mélange de colère et de frustration n'était toutefois pas seulement, je dirais même qu'il l'était à peine, la conséquence du refus essuyé. Autre chose était en jeu. Me faire dire non avec le même sourire utilisé pour me faire dire oui avait beau m'achaler, ce n'était pas grand-chose à côté de l'exaspération montant en moi à cause de l'opacité, de l'abstraction même, de ce qui me disait non. On n'était pas ici dans *La Cigale et la Fourmi*. Je veux dire, quand Vézina ou bien Gingras m'envoyait chier, j'avais au moins envie de fesser dans un visage précis. Là, c'était du vent. Une chimère. Un employé. Et comme disent les Anglais, *don't shoot the messenger*. De toute façon, même remonter la filière jusqu'au président de la Fédération des caisses ne m'aurait pas donné grand-chose. Au fond, lui non plus n'y pourrait rien, ou enfin il se montrerait, tout comme son employé, peu enclin à se donner la peine de changer les règles, ou seulement de les contourner, pour un tout-nu. Ça me rendait fou, même si c'est une frustration qui m'est familière. Du Fonds monétaire international à l'Organisation mondiale du commerce, en passant par l'OCDE, les paradis fiscaux, l'ensemble du système bancaire, les multinationales et Dieu sait quoi encore, les entités absconses ayant un impact concret sur ma vie sont légion. Le défi le plus tenace du désargenté est d'ailleurs d'avoir à longueur de journée à canaliser sa colère vis-à-vis d'une violence donnant l'impression d'arriver de partout et de nulle part à la fois. C'est pourquoi il est toujours plus simple de retourner cette colère-là contre soi. Ça évite de se casser la tête à chercher une cible dont la concrétude nous échappe, comme si l'on tentait de prendre par le chignon la pluie, le vent ou le froid. Alcool, nicotine, dépression, insomnie, tics nerveux, eczéma, diarrhée, compulsions : les avenues permettant d'exercer de la violence à son propre égard sont nombreuses, et l'imagination seule, il faut le dire, les limite. Du temps de la rue Gilford et de la bataille contre l'avidité de Quelque Chose inc., par exemple, Nathalie, une des voisines sur le B.S., m'avait un jour avoué voter pour l'Action démocratique du Québec de Mario Dumont. La raison était simple, ils allaient les remettre à leur place, les B.S. (Moi) Là, Nathalie, je comprends pas. Toi-même, t'es sur le B.S. (Nathalie) Justement, je les connais, ces osties-là. Le pire, c'est qu'elle se démenait comme une vraie folle dans notre combat pour éviter d'être expulsés de chez nous. Jour après jour, pendant des mois, elle avait ramassé sur Internet, aux archives de la Ville, puis Dieu sait où encore une pile impressionnante de documents dont la pertinence n'était pas toujours la principale vertu, mais grâce auxquels on avait pu tout de même prouver à la Régie du logement le caractère frauduleux des manigances de Jean-Claude Gingras. Que ses recherches n'aient pas suffi à le faire mettre en prison restait d'ailleurs pour elle une preuve éclatante de l'injustice en ce bas monde. (Moi)

Mais Nathalie, pour l'ADQ, des entrepreneurs comme Gingras, on en a juste pas assez au Québec. Mario Dumont, y'est pas de notre bord. Y'est de celui de Quelque Chose Inc. (Nathalie) Je m'en sacre, je vote pour eux autres pareil.

Ciboire de pauvres. On peut bien tout le temps se faire fourrer.

5

Mon grand-père était plein aux as. Comme ça faisait ressourdre des souvenirs douloureux chez mon père, le sujet, sans être tabou, n'était à peu près jamais abordé ou alors de façon fuyante, par allusions aussi. Je devais avoir plus ou moins quinze, seize ans la première fois où j'ai vaguement compris à quel point la petite enfance de mon père avait pu être dorée. Ça m'a pris après ça une bonne dizaine d'années à mettre bout à bout assez d'anecdotes, échappées tantôt par fatigue, tantôt par amertume ou par chagrin, pour arriver à me faire un portrait de Henri-Paul qui soit non pas complet, mais suffisamment clair-obscur pour me permettre d'en deviner les contours. Joueur, noceur, un peu coureux de jupons aussi, il faisait entre deux brosses de l'argent comme de l'eau en achetant puis en revendant du tissu. Son père l'aimait, sa mère aussi, même si de le voir aller comme ça ne les réjouissait pas outre mesure. Les profits générés par ses affaires un peu bancales avaient beau être phénoménaux, Théodasse avait d'autres ambitions pour son fils dernier-né. Des commerçants, la famille en regorgeait. Un quatrième, sans être de trop, n'était juste pas nécessaire. Ce qui manquait dans le lot, c'était un représentant des professions libérales. Un médecin, un huissier, un avocat, n'importe quoi en mesure de rehausser le *standing* de la lignée. Mais une profession libérale, mon grand-père se demandait : Pourquoi faire ? En une journée, une matinée même des fois, il faisait autant d'argent que son chum notaire en gagnait en une semaine. Il aurait fallu être niaiseux en maudit pour aller de ce bord-là. Pas d'horaire, pas de boss, pas de collègues, du temps en masse pour boire, jouer aux cartes, courailler, parler yiddish sur Saint-Laurent, italien dans la Petite-Italie, anglais partout : sa vie, Henri-Paul la trouvait correcte, surtout qu'il venait de rencontrer Adrienne, puis l'avait engrossée à part ça. Il l'aimait. Il voulait la marier. Je veux dire, là, tout de suite. Se bâdrer de faire son droit, ce n'était pas dans ses plans. Son paternel, comme dans les tragédies, ne le lui a jamais pardonné, même quand le commerce du fils est devenu assez prospère pour lui permettre de s'acheter une cabane à Westmount, d'engager des larbins ; une bonne, un cuisinier, un jardinier aussi, il me semble.

Bijoux, voitures, cigares, restos, la grande vie a pété d'un coup sec. Un hiver, à force de glouglous, de miam-miam, de nuits blanches à payer des tournées, mon grand-père est mort d'une crise cardiaque en essayant de soulever son char à mains nues pour le sortir d'un banc de neige. Comme son argent sortait aussi vite qu'il rentrait, ma grand-mère a dû refuser l'héritage à cause des dettes, une vraie montagne. Le beau-père aurait pu les éponger ; seulement, il trouvait plus moral, ou peut-être en fait plus jouissif, de ne pas le faire. L'acrimonie de la famille pour le fils prodigue avait, comme c'est bien souvent le cas, fini par déteindre sur la bru. Comme sous Staline, on avait réécrit l'histoire, et ma grand-mère était devenue au fil du temps de plus en plus responsable des écarts de conduite du fils qu'on n'arrivait pas à se résoudre à haïr tout à fait – sans elle, c'est sûr, il en serait revenu, de ses folies. La suite se laisse deviner : à sa mort, on l'a réinstallé dans son statut de fils bien-aimé et on a voué la bru maudite à la fange saumâtre dont elle n'aurait pas dû sortir. Adrienne s'est retrouvée dans un deux et demie au coin de Saint-André et Marie-Anne, à faire des travaux de couture pour vivoter avec ses deux fils, un de neuf ans, l'autre de douze. Comme en plus de ça c'était la crise, la vraie, la grande, c'est assez vite devenu n'importe quoi. Un hiver, il a même fallu brûler les portes des armoires de la cuisine pour se chauffer.

Né dans la ouate en haut de l'échelle, mon père s'est retrouvé du jour au lendemain à l'autre bout du spectre, avant même d'avoir atteint sa puberté. Petits-fils issus de l'union galeuse, lui et son frère aîné étaient devenus des bâtards dont on niait quasiment l'existence. Le curé, heureusement, s'amenait une fois de temps en temps pour aider la famille à passer une fin de mois, éviter l'éviction, garnir un petit peu le bas de Noël. Ça n'a pas empêché mon père d'avoir à devenir le soutien de famille dès l'âge de quatorze ans. De jobs humiliantes en jobs moins humiliantes, puis de plates en moins plates, il a peu à peu réussi, à raison de journées de douze heures, les fins de semaine parfois aussi, à remonter les échelons jusqu'au bas de la position médiane. En travaillant comme une brute, il a pu s'y maintenir jusqu'à la fin de sa vie.

Si je me méfie des liens entre travail et fortune, c'est en bonne partie grâce à lui. Merci papa!

6

À quel point mon récit familial a joué dans l'élaboration de ma situation financière actuelle, je ne pourrais pas trop le dire. Un de mes chums du secondaire, Denis Gauthier, percevait pour sa part l'incapacité de sa famille à vivre dans l'opulence comme une tare. Malgré la fatigue de son père le soir, ou peut-être bien à cause d'elle, le bungalow, le char, les trois repas par jour, les vêtements, la télévision, le système de son lui étaient pathétiques, et tantôt même odieux. Tout comme le mien, son père avait vu la fortune, la vraie, lui échapper, une occasion d'affaires, si ma mémoire est bonne, refusée par manque d'audace. Les autres, ceux qui avaient eu le nez assez fin, se la coulaient douce depuis ce temps-là.

Denis était persuadé qu'un compte en banque plein à craquer lui ouvrirait le monde sur le seuil duquel son père était resté ; trouver le moyen de faire fortune est donc vite devenu chez lui une obsession. Son premier stratagème d'envergure, un système pour décrocher le gros lot au 6/49, a pris forme à sa sortie du cégep. Le principe m'échappe encore, mais ça nécessitait un diagramme dessiné à la main et finalement assez gros pour couvrir la moitié d'un des murs de son salon. En inscrivant le long d'un axe le numéro sortant, puis sur un autre celui qu'on avait joué, on pouvait tracer une courbe devant faire apparaître à un moment donné la combinaison gagnante d'un des prochains tirages. Je le dis sous toutes réserves. Malgré de nombreuses explications, l'exercice est toujours demeuré pour moi ésotérique. Je me rappelle surtout la frénésie avec laquelle il s'occupait de l'affaire. Pour arriver à une masse de données suffisante, il fallait en acheter, du ticket. Pour chaque tirage, il claquait à peu près cent piasses, une somme carrément délirante vu son salaire d'interviewer dans une boîte de sondage. Mais le plus terrifiant dans tout ça n'était pas tellement la tonne de fric engouffré semaine après semaine dans son délire. C'était sa conviction qu'une somme, disons quatorze millions, pourrait le débarrasser une fois pour toutes de l'insupportable poids d'être lui-même. Il lisait en même temps, pour mettre toutes les chances de son côté, plein de niaiseries du genre *L'Éveil de votre puissance intérieure, Réfléchissez et devenez riche, Les Lois spirituelles du succès, La Puissance de la pensée positive,* bref, ce que j'allais moi-même vendre à la pelletée à partir du moment où je me retrouverais libraire. L'idée derrière chacun des titres, on en apprend, des affaires, en refaisant l'ordre alphabétique d'une section, était toujours la même, soit d'arriver à s'élever au-dessus des autres, puis après ça, si on se forçait vraiment, d'atteindre le firmament où l'on brillerait enfin à côté des meilleurs, c'est-à-dire des plus riches. Dans la même section, on retrouvait aussi des hagiographies de gars, plus rarement de filles, ayant, comme de fait, *réussi.* Enfance modeste ou encore au sein d'une famille déjà pas mal garnie, c'était chaque fois le même principe : pour bien nous faire comprendre qu'une grande fortune n'arrive pas par hasard ou encore par caprice, on décortiquait, analysait, soupesait, évaluait sous à peu près toutes ses coutures leur talent, si ce n'est leur génie. On enfilait leurs qualités comme autant de perles sur un collier, toujours les mêmes : le flair, l'audace, la détermination, la persévérance, l'ardeur au travail, le souci du détail. Ce genre de clichés-là. On les comparait à des sportifs de la trempe des briseurs de records, des fois aussi à des artistes, toujours Picasso ou Mozart. Jamais de Staël ou Rembrandt, encore moins Gombrowicz, Bukowski ou Walser.

De toute façon, jamais de la vie il ne venait à l'idée de leur biographe de les rapprocher d'un écrivain, sauf une fois de temps en temps de Balzac ou de Dumas, mais seulement en raison de la quantité phénoménale de leurs productions.

Il y avait quelque chose d'assez savoureux à empiler, étiqueter, épousseter au salaire minimum ou peu s'en faut, ces ouvrages-là. Surtout à l'aube de la quarantaine. Sans nécessairement vous amener à vous questionner sur la fermeté de votre santé mentale, ça peut vous inciter, la fatigue aidant, à vous demander si par hasard vous ne seriez pas doté, à l'instar des hagiographiés, de qualités particulières pouvant faire comprendre en un tour de main le pourquoi puis le comment de votre situation. La négligence, la paresse, l'insouciance peuvent dans ce temps-là vous venir assez vite à l'esprit. Mais tout comme le cœur au ventre ou le bagout ne peuvent à eux seuls garantir le succès, l'imprévoyance et un sens pratique lamentable n'expliquent pas entièrement l'anorexie de mon budget. Dans un cas comme dans l'autre, un je-ne-sais-quoi de plus semble nécessaire, peut-être même essentiel. Je ne sais pas si j'oserais vraiment parler ici de constitution, et plus précisément encore de pathologie, mais dans mon cas, être assujetti à ses propres démons plutôt qu'à ceux du monde ou de nos institutions est un pas, me semble-t-il, dans la bonne direction.

Pour en revenir à Denis, le gros lot du 6/49 n'est bien sûr jamais venu. Je ne me souviens plus comment il a conclu qu'il valait peut-être mieux arrêter les frais, mais quand montait mon envie de rire de lui, une force en moi en réfrénait toujours l'impulsion. Sa douleur, son désarroi surtout n'avaient rien de drôle. Sans vouloir m'avancer ou trahir ce qui est toujours trop complexe, je trouvais quand même désolant de constater qu'il croyait dur comme fer être le fils d'un échec financier. Et comme la somme miracle qui aurait pu lui permettre de laver sa faute passait son temps à se dérober, chaque échappée le rendait un peu plus misérable à ses yeux. Un montant incommensurable aurait-il pu l'aider à panser sa blessure ? Bien honnêtement, je ne saurais le dire. À partir d'un certain point, peut-être même dès le départ, on ne peut plus faire grand-chose sauf spéculer, c'est-à-dire se divertir. Dans le même ordre d'idées, je pourrais me demander en quoi être cassé m'apaise et me donne l'impression d'être à ma place en ce monde. Là encore, un silence, contrit ou pas, me semble la seule réponse valable.

7

Marvel Comics s'est mis à publier en 1977 un *comic book* intitulé *What if…?*. L'idée derrière la série était d'explorer ce qui arriverait si un superhéros de Marvel s'était adonné à connaître un autre destin (*what if* la matante May de Spiderman s'était fait assassiner au lieu de son mononcle Ben?), avait possédé un autre pouvoir (*what if* l'incroyable Hulk conservait l'intelligence du savant Bruce Banner?) ou encore avait fait un choix refusé dans le cadre du canon (*what if* le capitaine America devenait président des États-Unis?). Sur la couverture du premier numéro, vraisemblablement du marketing pour stimuler les ventes, l'éditeur précise même : « *Featuring the stories your letters have demanded!* » Ces histoires-là, je trouve amusant de le préciser, finissaient souvent mal. Une façon comme une autre de nous rassurer sur la validité, la justesse surtout, des versions canoniques.

What if, donc, mon grand-père paternel n'était pas mort n'importe comment à l'âge de trente-quatre ans? *What if* il s'était assagi, comme c'est souvent le cas avec l'âge, se mettant à placer son argent au lieu de le dilapider, du bout des doigts pour ainsi dire au début, puis au fil du temps de plus en plus, l'accumulant, l'engrangeant, le thésaurisant, au point non seulement de pouvoir se permettre un train de vie somptueux, mais d'être aussi capable d'en assurer les arrières? *What if* mon père, par contrainte ou désir, s'était mis, lui aussi, à acheter puis revendre du tissu, devenant de la sorte, au début de la trentaine, l'inévitable dauphin de l'entreprise familiale, accédant comme de fait au beau milieu de la quarantaine à la tête de la patente et, bien sûr, héritant, disons à la toute fin de la cinquantaine, non seulement de la *business,* mais aussi d'un bon tiers de la fortune personnelle de son père ? *What if* j'étais né, finalement, avec une cuillère d'argent dans la bouche ?

Passons par-dessus les considérations métaphysiques voulant que, dans des circonstances comme celles-là, mon père aurait vécu une autre vie, frayé dans d'autres cercles, marié une autre femme, rendant du coup ma conception impensable. Imaginons seulement, comme si c'était possible, le même père, la même mère, la même fratrie aussi et le même moi, mais baignant depuis toujours dans une abondance des plus crasses. Ce n'est pas aussi facile qu'on pourrait le croire. Ça revient un peu à s'imaginer en poisson-lanterne, ou en requin-lézard, en fait en n'importe quelle créature des abysses nous donnant l'impression d'être carrément extraterrestre. L'idée me vient à cause de la pression. C'est d'abord elle, si j'étais riche, qui changerait. Non pas la qualité, la quantité aussi, de mes vêtements ou le nombre de fois où je me rendrais dans une année à Paris, à New York, à Tokyo. Si j'étais millionnaire, surtout depuis toujours, la gravité me serait d'un autre ordre. Comme Neil Armstrong ou Buzz Aldrin sur le sol lunaire, le poids de mon être se trouverait modifié. Au lieu de me traîner, je ferais des bonds, sans vraiment m'en rendre compte en plus. Je comprendrais mal aussi qu'on puisse tirer de la patte. Je me dirais qu'on le fait exprès, ou par indolence, apathie ou paresse. Je paierais mes factures d'électricité comme je me gratte le coude, je veux dire, ça existerait sans exister. Je serais comme Charlie Chaplin dans *The Great Dictator,* dans la scène où il se met à danser avec son globe terrestre. En regardant la boule répondre au moindre de mes mouvements, moi aussi, je dirais, attendri, aérien : « *my world* ». Mon monde. Je lui en saurais gré. Je lui passerais ses caprices, ses humeurs, ses

accès de violence. Je dirais qu'on ne fait pas d'omelette sans casser d'œufs. *Le temps, c'est de l'argent,* ça ne serait pas pour moi
une image. Ça serait scientifique. Je comprendrais les heures, les
minutes, les secondes, les microsecondes, les nanosecondes.
Les règles non écrites me seraient évidentes. Je la comprendrais,
la *game*. Je n'en serais peut-être pas dupe, mais les images des
plages ensoleillées des îles Turques-et-Caïques ou de Sainte-
Lucie, les Jeep puis aussi les Rolex des magazines ou des pan-
neaux publicitaires me renverraient toutes à du concret, à du
réel, à la vie. Les hommes, les femmes étendus sur le sable, au
volant de leur voiture, en famille dans leur salon de rêve me
ressembleraient. Ils seraient du monde ordinaire en train de
faire des activités normales, ennuyeuses peut-être même. Mes
envies, mes goûts, mes désirs seraient en accord avec ce qu'on
trouve sur le marché. Le dernier modèle de GPS, de téléphone,
de char hybride m'intéresserait toujours. Du matin au soir, le
monde pour moi serait délesté de ses ambiguïtés. Sans être
simple ou simpliste, il fonctionnerait comme l'Algérie française
fonctionnait pour la France ou le communisme pour les appa-
ratchiks. Chose certaine, en tout cas, rabibocher mes lunettes
avec de la Crazy Glue ne me viendrait jamais à l'idée. Je boirais
aussi du meilleur vin. Mais pour apaiser quoi? La même faille
ou une autre?

8

Le petit Jésus, on le sait, n'aimait pas trop les riches. À chaque fois qu'il en croisait un, il se faisait un malin plaisir de lui parler de son âme vaguement crasseuse. Les premiers seront les derniers, vous ne pouvez servir Dieu et l'argent, il est plus facile pour un chameau de passer par le chas d'une aiguille que pour un riche d'entrer dans le royaume des cieux, on connaît la chanson, et ça, c'est sans compter la crise faite aux marchands du temple. Son amour des tout-nus est également légendaire. D'ailleurs, au fil du temps, toute une tradition catholique s'est amusée, et parfois même très sérieusement, à révérer la pauvreté. Mon intention ici n'est surtout pas de broder sur ce thème-là. Il n'y a aucune gloriole à être pauvre. Ça me fait chier par contre qu'il y en ait une à être riche.

L'HÉRITAGE ET LE VIDE

Septième confession

1

Mon premier héritage m'est venu de ma grand-mère. J'avais vingt ans quand elle est morte. Je vivais en colocation, dans un trou agréable l'été, impossible à chauffer l'hiver, mon tout premier appartement. Le propriétaire, j'oublie son nom, un notaire, s'en sacrait, comme il se sacrait aussi de l'escalier extérieur toujours plus ou moins sur le bord de s'effondrer. Il s'était retrouvé avec le bloc sur les bras à la suite de la faillite d'un client ou peut-être d'un client d'un client, quelque chose du genre. Depuis ce temps-là, il cherchait juste à s'en débarrasser. Le marché, malheureusement, ne roulait pas pour lui. Il avait beau baisser son prix tous les six mois, personne ne voulait de sa ruine.

Par une espèce d'effet de miroir, ou peut-être encore de vases communicants, le tout dernier appartement dans lequel ma grand-mère a vécu était lui aussi une horreur. Il se trouvait pas loin du métro Cadillac dans un complexe en U aux murs jaunâtres. Le toit en était vert. On l'avait vraisemblablement construit à la va-vite au lendemain de la guerre, peut-être encore au début des années cinquante. Trente ans plus tard, il était déjà décati. Pour une obscure raison, les trois quarts, sinon plus, des locataires avaient la soixantaine largement dépassée. Les autres, ceux dans la force de l'âge, faisaient plus ou moins peur. Le teint livide, les dents pourries, les cheveux crasseux, on n'avait pas tellement envie de leur dire bonjour, surtout quand on avait huit ans. De toute façon, leur regard méfiant envers tout ce qui bougeait n'encourageait pas grand-monde à le faire.

Il aurait seulement fallu un petit peu plus de délabrement, ou des rats à la place des souris, pour rendre l'endroit carrément invivable. Le lieu, enfant, me donnait une impression de ville fantôme, d'irréalité. J'étais trop jeune pour concevoir la misère ordinaire d'une vieille bigote n'ayant rien d'autre, au soir de sa vie, que ses propres démons pour s'occuper l'esprit. Dans la seule pièce où elle vivait, elle passait une partie de son temps à coller des brefs de saint Antoine sur la plupart de ses affaires. En plus du fameux

Voici la croix du Seigneur!
Fuyez, puissances ennemies!
Le Lion de la tribu de Juda, le rejeton de David, a vaincu!
Alléluia!

On pouvait voir sur chacun de ces brefs-là un sceau de l'archevêché certifiant que le bout de papier avait touché à une écharde de la vraie croix du Christ. On en trouvait sur les chaises, la table, le lit, le fauteuil, les deux lampes, la télévision, le grille-pain. On en trouvait aussi sur le battant intérieur des portes d'armoires, sur les tablettes, dans les tiroirs, sur la toilette, d'autres encore épinglés à la doublure de ses manteaux, dans ses chapeaux, ses bottes, son étui à lunettes, sur ses boîtes de Kleenex aussi.

Comment elle s'était retrouvée dans ce trou-là, je ne le sais pas. Si aucun de ses enfants ne roulait sur l'or, elle avait quand même deux sœurs jumelles qui en avaient de collé, deux bigotes comme elle, peut-être plus encore, et puis aigries aussi, peut-être d'avoir vécu ensemble, célibataires, toute leur vie. Ne les ayant pas vraiment connues, je suis incapable de penser à elles aujourd'hui sans me les représenter sous les traits de Patty et Selma, les deux sœurs de Marge Simpson. Elles avaient travaillé au même endroit, chez Bell, à Ottawa, quasiment cinquante ans, au cours desquels elles avaient fini par amasser à elles deux une coquette somme, genre cent cinquante mille piasses. Malgré leurs hurlements de loup à l'annonce du décès de leur sœur, lui venir en aide de son vivant ne leur avait jamais traversé l'esprit. C'est la sainte Église catholique romaine qui, à leur mort, a eu le grand plaisir d'hériter de la fortune au complet.

Pour en revenir à ma succession, j'ai eu droit à une couverte de laine jaunâtre, tirant sur le brun, avec des trous, trois, quatre, à peu près de la grosseur d'un dix cenne, un canard électrique qui, finalement, ne marchait pas, cinq verres moutarde, deux casseroles de fer-blanc avec des manches de plastique pouvant au mieux, sans déborder, contenir une canne de soupe. À la manière de mes grands-tantes, dès que l'une s'est déglinguée au point de devoir être jetée, l'autre s'est mise à se détériorer jusqu'à suivre le même chemin. Évidemment, aucune de ces affaires-là ne me revenait de droit. Le testament, il faut le savoir, je n'étais pas couché dessus. Ma mère elle-même l'était à peine. Le jour où on s'est retrouvés en famille pour vider le un et demie, j'ai juste grappillé avec la bénédiction de tout le monde ce qui faisait mon affaire. Le reste est allé à la rue ou aux Petits Frères des pauvres, sauf deux, trois morceaux de choix, dont une armoire en bois franc d'à peu près cent vingt ans aujourd'hui chez ma sœur. Après les funérailles, par contre, ma mère s'est approchée de moi, émue, presque en cachette des autres pour me refiler le jonc de mariage de sa mère.

Pourquoi à moi? Encore aujourd'hui, la réponse m'échappe. J'ai longtemps considéré cet anneau-là comme un objet maudit ou maléfique, comme si la démence sénile de ma grand-mère s'y était incrustée et, grâce au stratagème, lui avait survécu. Je le conserve depuis ce temps-là dans une boîte de plastique qui contenait avant ça des épingles. J'avais peur en le portant de me retrouver d'une manière ou d'une autre contaminé par la douleur de vivre de la mère de ma mère, et peut-être plus encore par sa bigoterie maladive. Sans y accorder beaucoup de foi, je trouvais ça plausible. En sixième année, il faut dire, ma prof, qu'on appelait Tante Monique, nous avait raconté en long et en large *L'Exorciste* de William Friedkin, d'après Wikipédia le film d'horreur le plus lucratif de toute l'histoire du cinéma. Le film venait de sortir, tout le monde parlait de ça du matin au soir, mais nous autres, là, je veux dire les élèves, on était trop jeunes pour le voir. On a dû, j'imagine, écœurer Tante Monique au point de l'amener à nous en faire le récit.

La chose a provoqué en moi une telle terreur que j'en étais venu à craindre de me retrouver, comme la petite Linda Blair, possédé par le Mal. La nuit, dans mon demi-sommeil, je sentais mon lit léviter. Les craquements, le moindre bruit, nourrissaient mon délire d'une présence prédatrice prête à me sauter dessus n'importe quand. Pour ne pas devenir complètement fou, je me suis mis à développer une série de rituels, embrasser les crucifix, me signer à tout bout de champ, garder les doigts croisés. C'était censé effaroucher le malin, et lui donner envie d'aller chercher son content d'âmes ailleurs. L'épisode a été mon tout premier contact avec le capital d'anxiété et d'angoisse dont ma famille dispose et qui, au contraire de l'argent, y coule en abondance de génération en génération.

Le jonc de ma grand-mère me rappelle ainsi les trois, quatre semaines où j'ai été, comme elle au soir de sa vie, à la fois dément et bigot. Le conserver au plus loin de ma vue et de ma vie quotidienne, dans le fond d'un tiroir à cossins, me semblait, au moment où je m'en suis retrouvé le dépositaire, la seule solution viable. Comme je n'en ai pas trouvé d'autres depuis ce temps-là, je tombe dessus au seul rythme de mes déménagements, une première fois quand je fais mes boîtes, puis une deuxième au moment de les défaire. À chaque fois, ça me fait froid dans le dos.

2

Mon deuxième héritage me vient de mon père. Là encore, le terme est inapproprié. Rien de ce qui a pu, à la suite de son décès, passer de lui à moi n'était désigné comme tel dans un document notarié. Je me suis contenté, une fois de plus, de glaner dans le tas de bébelles accumulées par mon père au cours de sa vie, je veux dire ici les innommables, en tout cas celles dont la peine qu'on se donne pour les inventorier paraît vite superflue. Des possessions, OK, mais pas assez importantes du point de vue social pour faire partie d'un patrimoine. En gros, des déchets en sursis.

Comme nous sommes, ou bien plutôt étions, mon père et moi, plus ou moins du même gabarit, j'ai surtout récupéré de ses vêtements. Un manteau d'hiver, deux coupe-vent, un imperméable, une veste, des chemises, quatre paires de souliers, des *running shoes* en fait, deux paires de bottes, un chapeau et pour finir, un nombre hallucinant, j'ai envie de dire obscène, de paires de bas. Sans les avoir comptées, j'en évalue le nombre à environ cent cinquante, toutes dans des teintes de gris, de brun ou de bleu marine. La quantité, on va dire astronomique pour faire court, de toute façon c'est presque ça, révélait à elle seule le rapport bien particulier liant mon père à ce vêtement-là. En en découvrant chaque fois une nouvelle *batch* dans un tiroir ou le fond d'un garde-robe, j'étais surtout médusé par la nature de la transmission, dont les voies, comme celles du Seigneur, sont, comme on le sait, impénétrables.

Sans en posséder une montagne, je fais quand même, moi aussi, un usage du bas peut-être pas déraisonnable, mais à tout le moins acharné. J'ai horreur, en effet, d'avoir les pieds humides. Assez pour me sentir vraiment tout croche quand ça m'arrive. Ça m'amène, c'est niaiseux, hiver comme été, à changer de bas un nombre invraisemblable de fois par jour. Une pratique de ce genre-là, on s'en doute peut-être, vous pousse à porter une attention particulière à chacune de vos paires de bas, de vous assurer surtout d'en avoir une provision suffisante en tout temps pour pouvoir passer la journée sans devenir fou. Pour vous dire à quel point ma maniaquerie a pu prendre par moments une forme déviante, je me suis retrouvé, pendant tout le temps où j'ai vécu, comme je l'ai expliqué, partout et nulle part à la fois, contraint de dérober, comme malgré moi, le jour de mon départ, une paire de bas à celui ou celle ayant eu la générosité de m'héberger. Mon père ayant prôné tout au long de sa vie la mesure en toute chose, réaliser après sa mort qu'une de mes lubies les plus crétines trouvait sa source chez lui m'a beaucoup apaisé. Je regrette seulement aujourd'hui d'ignorer complètement d'où il pouvait bien tenir son obsession.

Pour en revenir au reste, j'arrive à tout porter sauf les chemises. Chaque fois que j'en mettais une, j'entrapercevais mon père dans le miroir, comme si son reflet émergeait dans le mien. Même l'alcool n'arrivait pas à me débarrasser de l'impression. Je me suis tanné, un beau matin. Je les ai toutes empaquetées dans un sac de vidanges, puis je les ai laissées dans un conteneur de Jeunesse au soleil.

3

Par un étrange hasard, *what are the odds,* comme le disent les Anglais, je me suis retrouvé, comme pour le jonc de mariage de ma grand-mère, dépositaire de celui de mon père. La nuit où l'hôpital nous a appelés pour nous avertir de sa mort, mon frère et moi nous y sommes retrouvés pour constater le décès, ensuite nous occuper des obligations administratives entraînées par la mort. Après avoir signé tout un paquet de paperasse, on est allés avec un préposé ramasser les affaires de mon père, la brosse à dents, le rasoir, la robe de chambre, le petit sac de voyage, bref, on a effacé toute trace de sa présence dans la chambre anonyme où ça s'était adonné à finir pour lui. On était sur le bord de partir quand le préposé nous a montré du doigt la main gauche du cadavre. Il y a eu un petit moment de flottement, mais on a fini par allumer. Calvaire, son alliance. Je ne sais pas pour mon frère, mais je me demandais, pour ma part, s'il nous demandait de la retirer. Le préposé a dû comprendre mon trouble. Veux-tu que je le fasse? J'ai hésité. Une part de moi avait envie de toucher au mort. Mais c'est la part écœurée à l'idée de le faire qui a remporté la mise. Le préposé a beurré l'annulaire de crème à mains, a zigonné un peu, puis m'a remis le jonc, assez gentiment j'ai trouvé, dans le creux d'un Kleenex. Je l'ai mis dans ma poche. Une fois rendu chez nous, ne sachant pas trop quoi en faire, je l'ai remisé dans une armoire, en attendant de décider de son sort, à côté d'un paquet de bébelles dont je ne me sers jamais. Au purgatoire, somme toute. Quelques jours après, le restant de la famille, après une petite messe basse, m'a annoncé que c'était à moi de le conserver.

Si le jonc de ma grand-mère me rappelle la possibilité, je veux dire la possibilité concrète, d'en venir un jour à ne plus comprendre la différence entre le monde et, disons, pour faire simple, mon théâtre intérieur, l'alliance de mon père m'inquiète ou enfin me rend perplexe d'une tout autre façon. J'ignore juste quoi en faire. Comme je n'ai jamais eu de goût pour les bijoux, le porter me semblerait le comble même de la niaiserie. D'un autre côté, m'en servir comme bibelot, l'exposer par exemple sur une tablette ou un rebord de fenêtre, m'apparaît trop morbide pour que je m'y résigne.

Ma perplexité, il faut le dire, est surtout causée par mon absence totale de progéniture. Comme c'est le cas aussi pour ma fratrie, et comme en plus mon père n'a eu de son côté ni neveu ni nièce, je n'ai pas tant le sentiment de le posséder, cet anneau-là, que d'être pris avec. Mon statut de benjamin vient par-dessus le marché en rajouter une couche. Le jonc paternel souligne à quel point je suis le dernier résidu de la lignée, le bout de la ligne, le terminus, tout le monde descend. Avoir un fils ou bien une fille pourrait au moins me donner l'impression de faire quelque chose de la patente en n'en faisant rien. Je garderais l'alliance en attendant de la lui refiler solennellement, à la manière d'une patate chaude. Pour le moment, elle est encore dans l'armoire, dans son Kleenex, tout comme le jonc de ma grand-mère est dans un tiroir de mon classeur, dans sa boîte de plastique; une façon concrète de faire moi-même, et dans le monde, ce que l'inconscient fait de façon impalpable dans la psyché, soit repousser dans le plus creux à défaut de faire disparaître pour de vrai.

De toute façon, j'ai beau me casser la tête, après ma mort, aucun des deux objets n'aura de sens pour personne.

4

Comme mon père est mort en hiver, on a dû attendre le dégel pour pouvoir l'enterrer. C'est comme ça qu'on s'est retrouvés, toute la famille, au cimetière de ma banlieue natale, une fin de matinée d'avril, sous la pluie. C'était sordide.

On était passés avant ça au presbytère pour signer le registre, mais surtout, on pensait rencontrer le prêtre, peut-être aussi lui donner un *lift*, bref, faire connaissance un petit peu avant de l'écouter faire sa cérémonie de mise en terre. Il n'était pas là. La secrétaire, en plus, ne comprenait pas notre air de bœuf. (Ma sœur) On nous avait dit le 27, à 11 h. (La secrétaire) Oui, pour signer le registre. À force de s'obstiner, on a fini par comprendre. Le prêtre, pour l'enterrement, il fallait le réserver. (La secrétaire) À matin, il est dans une autre paroisse. Il en a quatre. Il ne peut pas être partout en même temps, fait qu'il fait la navette. Vous auriez dû me le dire. Avoir su, j'y aurais dit de rester. Ma mère, c'est sûr, était catastrophée. Moi, c'est niaiseux, je me suis mis à penser à un dessin de Jean-Marc Reiser, celui d'une vieille vacharde en train de transporter deux curés, un sous chaque bras, comme Obélix le fait avec ses sangliers. La légende, vraisemblablement tirée d'une dépêche – ça devait être à l'origine un dessin de presse – proclame : « Les curés vont manquer. » La vieille, de son côté, nous regarde dans les yeux en disant : « Faites des stocks ! » J'aurais dû l'écouter.

J'ai beau être mécréant, l'absence complète de cérémonie m'a, je l'avoue, complètement affligé. On avait l'air de purs épais.

Une famille de Néandertal aurait eu, j'en suis sûr, plus de dignité, se serait surtout trouvée moins démunie, en tout cas moins pataude. La pluie, pour elle, aurait peut-être voulu dire quelque chose, une manière de soutien, le signe, la preuve de la tristesse des dieux. Je ne sais pas trop si le trou faisait six pieds, comme le veut la tradition. Il était en tout cas assez creux pour qu'y mettre les cendres de mon père s'avère un pur aria. Même accroupi, personne n'avait le bras assez long pour les y déposer d'une manière à peu près délicate, encore moins élégante. On n'avait pas envie de juste les garrocher, non plus. Au presbytère, la secrétaire nous avait suggéré de laisser l'urne à côté du trou. (La secrétaire) Le gars de la voirie va s'arranger avec. Il est habitué. Le monde font ça, asteure. On ne s'y résignait pas. Mon beau-frère a fini par s'allonger à plat ventre dans le gazon tout boueux. Il a pu de cette manière-là ne pas laisser choir l'urne de trop haut. Regarder, de loin, le cadavre de mon père se faire lancer dans une fosse commune, n'importe comment, par deux cols bleus n'aurait pas été, au fond, moins désâmant. L'horreur, par sa violence, aurait au moins fait office de sacré. Là, c'était médiocre. Insipide. Pathétique. Pour la toute première fois de ma vie, j'avais le sentiment non pas de comprendre la modernité, mais bien de la ressentir, je veux dire physiquement. La mort de Dieu, de la métaphysique aussi, ce matin-là, ce n'était pas une abstraction. C'était du solide. Concret comme une vraie bonne claque en pleine face. Ça faisait mal.

Ça m'était d'autant plus bizarre qu'au salon funéraire, un prêtre, il y en avait eu un. C'était dans le forfait, même si on pouvait le refuser. Sa messe plate donnait envie de lui crier : Rendu là, ferme ta gueule. La chapelle du complexe funéraire, il faut dire, ne l'aidait pas. On aurait dit une salle d'attente de CLSC, ou au mieux un sous-sol d'église. Même sans y croire, on se sentait loin de Dieu en maudit, si ce n'est en fait de la notion même de spiritualité ou de sacré. Le sermon était générique. Ça devait être le même à chaque fois, avec des fins qui sont des renouveaux, des vies qui sont toutes des passages, des morts qui sont des traversées vers une autre rive. Pour trouver du sacré là-dedans, il fallait se lever de bonne heure. Même un croyant ne devait pas y trouver son compte. Je me souviens de m'être dit qu'on aurait pu s'en passer. Ce matin-là, au cimetière, on s'en passait. Je me demande encore aujourd'hui ce qui était le pire.

5

Quand j'étais petit, des moineaux venaient une fois de temps en temps se casser le cou en rentrant tête première dans la fenêtre du salon. Je me souviens encore du bruit sec, un toc court, concentré, sans aucun effet de résonance. En l'entendant, on savait tout de suite ce qui s'était passé. La première fois, par contre, on ne le savait pas. *On,* c'était ma sœur, les voisins de notre âge avec qui on jouait tout le temps, puis moi. Quand on est allés vérifier, la vue du cadavre nous a dévastés. Pour moi, c'était le premier. Je ne sais plus qui a eu le courage de le ramasser, mais on est rentrés avec dans la maison. Il fallait que les adultes voient ça. On devait être la fin de semaine, parce que mon père était là. Il nous a amenés dans son atelier où on l'a regardé en silence confectionner un petit cercueil avec des restants de bois. Il nous a aussi donné deux bâtons de Popsicle, puis nous a aidés à en faire une croix. On est allés après ça dans le jardin, il a creusé un trou, dans lequel, délicatement, il a mis le cercueil. Il l'a recouvert avec de la terre, a planté la petite croix, l'a fait tenir comme il faut. On est allés cueillir des pissenlits et puis on les a déposés, un à un, sur la tombe.

L'enterrement de mon père a été, c'est quand même fou, moins solennel.

Épilogue

Depuis à peu près deux mois et demi, grâce à un contrat payant selon mes maigres critères, il y a chez moi un ordinateur flambant neuf me permettant de niaiser de nouveau sur YouTube. La relique qui se trouvait là avant s'y refusait depuis six mois à la manière des ânes, qui, selon la rumeur, sont des bêtes fort têtues. Je ne sais pas trop s'il vaut la peine de le mentionner, mais son vieil écran massif me sert maintenant de pouf sur lequel j'allonge les jambes en me délectant d'extraits de l'abécédaire de Deleuze, de vidéos de chats et de chiens faisant diverses bêtises, de dessins animés de Batman, de Superman et, bien sûr, de Spiderman. On pourrait dire que la vie est belle.

La semaine dernière, en fouillant pour trouver des vidéos sur Koko, *the talking gorilla,* de façon suffisamment compulsive pour que ça cache quelque chose, je suis tombé par hasard sur un documentaire troublant et vraisemblablement britannique. Pendant que la caméra nous montrait un tube étroit, peut-être en plexiglas, une voix *off* nous racontait toutes sortes d'affaires sur les stades de Piaget, la résolution de problèmes et la nature humaine. L'idée générale, si j'ai compris comme il faut, était de nous montrer qu'avant un certain âge, certains accomplissements s'avéraient impossibles. Ça commençait raide. Le tube, qui avait l'air de sortir d'un laboratoire scientifique où on ne niaise pas avec les mystères de la nature, contenait de l'eau, pas beaucoup, un petit peu, deux ou trois centimètres, à la surface de laquelle, touche poétique, surréaliste même, flottait une arachide, comme quoi les variations sur *Le Renard et la Cigogne* de La Fontaine sont moins rares qu'on ne le pense. Le but de l'exercice, enfin de l'expérience, c'est ce que disait une jolie technicienne, tout d'un coup apparue dans le champ, consistait à attraper la graine à l'aide, précisait-elle, espiègle, de tout ce qui se trouvait dans la pièce. Le problème, la vie n'est jamais simple, c'est que dans la pièce il n'y avait pas grand-chose : une table, à laquelle était fixé le cylindre, une chaise, où était assise la jolie technicienne – jolie, ça dépend des goûts, mais bon, elle me plaisait – et, sur la table, un pichet d'eau. Suivait l'arrivée d'enfants, qui avaient environ quatre, cinq, six ans. On les faisait entrer dans la pièce un par un, la jolie technicienne leur expliquait le programme : *Come on, go on.* Tout ce qu'il restait à faire, c'était de les regarder essayer de s'en sortir. Comme on peut s'en douter, ce n'était pas glorieux. Les velléités oscillaient entre l'obstination têtue et la force plus ou moins colérique, mais les petits doigts étaient trop courts. Peu importe les efforts, ils n'atteignaient jamais l'arachide. Les tentatives pour arracher le cylindre à la table étaient souvent impressionnantes, mais là encore, ne servaient pas à grand-chose. C'est finalement l'arrivée d'une petite fille de huit ans qui est venue changer la donne : au bout d'un petit moment, elle a fini par se rendre compte que le pichet pouvait peut-être servir. Toute fière, toute contente, elle s'est précipitée dessus, comme une noyée attrapant une bouée, et en a transvidé une bonne partie dans le cylindre. Le niveau de l'eau a monté et, comme de fait, l'objet convoité avec lui, bingo, c'était un peu devenu *The Price is Right.*

C'était déjà assez charmant comme ça quand ça s'est mis à devenir encore mieux. On est passé, magie du cinéma, à une autre pièce. L'inquiétant, c'est qu'elle était beaucoup moins alléchante, sale, en plus il y avait des barreaux, on aurait dit une cage avec le même dispositif que tout à l'heure sauf pour le pichet d'eau, remplacé par une fontaine qui avait fait la guerre ou au moins survécu à beaucoup d'attentats. On venait à peine de s'habituer au changement de décor qu'est arrivé tout d'un coup, c'était d'autant plus troublant qu'on ne voyait pas trop bien d'où il pouvait sortir, un bel orang-outan. Il était posé, tranquille, à la limite même relax, on aurait pu penser qu'il venait juste de se lever. Il s'est installé devant le cylindre, on aurait dit Bouddha, en tout cas, il n'avait pas l'air de s'inquiéter outre mesure de l'état du monde.

Les grands singes nous ressemblent, c'est un lieu commun de le dire, et il y a quelque chose d'à la fois euphorique et inquiétant à scruter nos similitudes. Il était toutefois extrêmement difficile d'affirmer avec certitude si l'arrivant était juste dans la lune ou plongé dans une grande réflexion. Toujours est-il qu'au bout de quinze, vingt secondes, l'orang-outan a plongé son index dans le cylindre. L'organe, il fallait quand même voir la grosse affaire, avait beau être plus long, plus costaud que celui des enfants, il n'était pas, dans ce contexte-là, tellement plus efficace. Bon. Beaucoup plus vite que la gamine, quand même, l'orang-outan s'est retourné vers la fontaine, a fait couler l'eau, en a aspiré une gorgée, l'a recrachée dans le tube, y a plongé de nouveau le doigt, ça y était presque ; il faut ce qu'il faut, envoie une autre gorgée, hourra, *here's the peanut*. En prime, au contraire de la gamine qui l'exhibait comme un trophée, le singe, lui, s'en est délecté.

Après ce moment de pur bonheur, on est passé au vrai clou du spectacle, un chimpanzé a débarqué. À côté de l'orang-outan presque amorphe, il avait l'air d'un parfait candidat pour une prescription de Ritalin. Il a regardé le cylindre, sauté un peu sur place, regardé encore en se dandinant puis, tout d'un coup – on se demande ce qui lui prend, un vrai sauvage – il s'est accroché aux barreaux, s'est hissé au-dessus du tube, a entrouvert les jambes, a visé à peu près et s'est mis à pisser. Le tube s'est empli d'urine à une vitesse fulgurante, la cacahouète est tout de suite arrivée à portée de main, miam miam, il n'y en a déjà plus.

Les raisons pour lesquelles cet extrait m'a tout autant ému et amusé qu'inquiété me demeurent, encore à ce jour, brumeuses. Une part de mon inconfort comme de ma jouissance me vient de l'impression que le test était biaisé. Une *peanut*, dans le regard d'un enfant d'un pays industrialisé, du moins s'il provient d'une famille qui ne vit pas dans des conditions indécentes, ce n'est pas le Pérou. Mais, pour un singe – enfin, il me semble, je ne veux pas non plus trop m'avancer –, c'est une tout autre histoire. Quelle que soit sa place dans la hiérarchie de sa communauté, c'est pour lui un bel objet de désir. Est-ce à dire que les enfants s'en seraient mieux sortis si on avait fait flotter un iPod ou autre chose que ce soit susceptible de les rendre envieux ? J'ai peur que non. La morale de la fable est ailleurs, oui, mais où ? Peut-être, tout timidement, puis-je tenter d'avancer, sur la voie du plaisir. Pour les deux singes, l'aventure était un jeu. Contrairement aux enfants, ils ne se démenaient pas, oserais-je dire ne travaillaient pas ; d'ailleurs, pourquoi l'auraient-ils fait ? L'élan du corps semblait suffire. Incapables de mettre le doigt dans la pisse et le crachat comme leurs cousins primates, parce qu'oscillant sans cesse entre leur incapacité et leur obéissance servile, il n'est guère étonnant que ces enfants trop raisonnables aient fait si triste figure.

Ça leur apprendra à ne pas se comporter comme des bêtes.

Table des matières

CRÉDITS ET REMERCIEMENTS

Les Éditions du Boréal remercient le Conseil des arts du Canada
pour son soutien financier ainsi que le Fonds du livre du Canada (FLC).
Canada

Les Éditions du Boréal sont inscrites au Programme d'aide
aux entreprises du livre et de l'édition spécialisée de la SODEC
et bénéficient du Programme de crédit d'impôt pour l'édition
de livres du gouvernement du Québec.
Québec ⬛⬛

L'auteur remercie le Conseil des arts et des lettres du Québec
pour son appui financier.

Couverture : © Funkenschlag/Dreamstime.com

EXTRAIT DU CATALOGUE

Gil Adamson
À l'aide, Jacques Cousteau
La Veuve
Gilles Archambault
À voix basse
Les Choses d'un jour
Comme une panthère noire
Courir à sa perte
De l'autre côté du pont
De si douces dérives
Enfances lointaines
La Fleur aux dents
La Fuite immobile
Lorsque le cœur est sombre
Les Maladresses du cœur
Nous étions jeunes encore
L'Obsédante Obèse et autres agressions
L'Ombre légère
Lorsque le cœur est sombre
Parlons de moi
Les Pins parasols
Qui de nous deux ?
Les Rives prochaines
Stupeurs et autres écrits
Le Tendre Matin
Tu ne me dis jamais que je suis belle
La Vie à trois
Le Voyageur distrait
Un après-midi de septembre
Une suprême discrétion
Un homme plein d'enfance
Un promeneur en novembre
Margaret Atwood
Comptes et Légendes
Cibles mouvantes
L'Odyssée de Pénélope
Jacques Benoit
Confessions d'un extraterrestre
Jos Carbone
Edem Awumey
Explication de la nuit
Les Pieds sales
Rose déluge
Nadine Bismuth
Êtes-vous mariée à un psychopathe ?

Les gens fidèles ne font pas les nouvelles
Scrapbook
Neil Bissoondath
À l'aube de lendemains précaires
Arracher les montagnes
Cartes postales de l'enfer
La Clameur des ténèbres
Tous ces mondes en elle
Un baume pour le cœur
Marie-Claire Blais
Augustino et le chœur de la destruction
Aux Jardins des Acacias
Dans la foudre et la lumière
Le Jeune Homme sans avenir
Mai au bal des prédateurs
Naissance de Rebecca
   à l'ère des tourments
Noces à midi au-dessus de l'abîme
Soifs
Une saison dans la vie
   d'Emmanuel
Guillaume Bourque
Jérôme Borromée
Gérard Bouchard
Mistouk
Pikauba
Uashat
Claudine Bourbonnais
Métis Beach
Pierre Breton
Sous le radar
André Carpentier
Dylanne et moi
Extraits de cafés
Gésu Retard
Mendiant de l'infini
Ruelles, jours ouvrables
Nicolas Charette
Chambres noires
Jour de chance
Jean-François Chassay
L'Angle mort
Laisse
Sous pression
Les Taches solaires

La Démarche du crabe
La Gloire de Cassiodore
L'Œil de Marquise
Rachel Leclerc
  Le Chien d'ombre
  Noces de sable
  La Patience des fantômes
  Ruelle Océan
  Visions volées
Pierre Lefebvre
  Confessions d'un cassé
André Major
  À quoi ça rime ?
  L'Esprit vagabond
  Histoires de déserteurs
  La Vie provisoire
Gilles Marcotte
  Une mission difficile
  La Vie réelle
  La Mort de Maurice Duplessis et autres nouvelles
  Le Manuscrit Phaneuf
Yann Martel
  Paul en Finlande
Stéfani Meunier
  Au bout du chemin
  Ce n'est pas une façon de dire adieu
  Et je te demanderai la mer
  L'Étrangère
  On ne rentre jamais à la maison
Hélène Monette
  Le Blanc des yeux
  Il y a quelqu'un ?
  Là où était ici
  Où irez-vous armés de chiffres ?
  Plaisirs et paysages kitsch
  Thérèse pour Joie et Orchestre
  Un jardin dans la nuit
  Unless
Caroline Montpetit
  L'Enfant
  Tomber du ciel
Lisa Moore
  Février
  Open
  Piégé
Alice Munro
  Du côté de Castle Rock
  Fugitives
  Rien que la vie
Josip Novakovich
  Infidélités
  Poisson d'avril
Michèle Ouimet
  La Promesse
Alison Pick
  L'Enfant du jeudi
Daniel Poliquin
  L'Écureuil noir
  L'Historien de rien

L'Homme de paille
La Kermesse
Le Vol de l'ange
Monique Proulx
  Les Aurores montréales
  Ce qu'il reste de moi
  Champagne
  Le cœur est un muscle involontaire
  Homme invisible à la fenêtre
Pascale Quiviger
  La Maison des temps rompus
  Pages à brûler
Rober Racine
  Le Cœur de Mattingly
  L'Ombre de la Terre
  Les Vautours de Barcelone
Mordecai Richler
  Solomon Gursky
Yvon Rivard
  Le Milieu du jour
  Le Siècle de Jeanne
  Les Silences du corbeau
Alain Roy
  Le Grand Respir
  L'Impudeur
  Quoi mettre dans sa valise ?
Lori Saint-Martin
  Les Portes closes
Mauricio Segura
  Bouche-à-bouche
  Côte-des-Nègres
  Eucalyptus
Alexandre Soublière
  Amanita virosa
  Charlotte before Christ
Gaétan Soucy
  L'Acquittement
  Catoblépas
  Music-Hall !
  La petite fille qui aimait trop les allumettes
Jeet Thayil
  Narcopolis
Miriam Toews
  Drôle de tendresse
  Irma Voth
  Jamais je ne t'oublierai
  Pauvres petits chagrins
  Les Troutman volants
Lise Tremblay
  La Sœur de Judith
Guillaume Vigneault
  Carnets de naufrage
  Chercher le vent
Kathleen Winter
  Annabel

Ce livre a été imprimé sur du papier 100 %
postconsommation, traité sans chlore, certifié ÉcoLogo
et fabriqué dans une usine fonctionnant au biogaz.

MISE EN PAGES ET TYPOGRAPHIE :
LES ÉDITIONS DU BORÉAL

ACHEVÉ D'IMPRIMER EN AOÛT 2015
SUR LES PRESSES DE L'IMPRIMERIE GAUVIN
À GATINEAU (QUÉBEC).